객관식으로 끝내는

초단기

영어회화 완성 코스

네이티브 영어회화 1000제

실전 모의고사

김재헌 지음

길벗
이지:톡

객관식으로 끝내는

초단기

영어회화 완성 코스

네이티브 영어회화 1000제

실전 모의고사

김재헌 지음

길벗
이지:톡

저자 소개

김재헌 (Jae Heun Kim)

초중고 8년을 유럽에서 영국학교, 미국국제학교에 다니며 자연스럽게 미묘한 영어의 뉘앙스를 알아듣고 영어를 모국어처럼 자유자재로 구사하게 되었다. 한국에 와서 연세대학교를 졸업했고 한 달 만에 TOEIC 990점, 6개월 만에 외대통역번역대학원 한영과 입학시험에 합격할 만큼 영어시험 공략에도 일가견이 있다. 졸업 후 삼성물산과 소니코리아에서 근무하다가 교육에 뜻을 품고 영어 강사의 길을 걷게 되었다. 대치동 영어학원가에서 실전에 강해지는 강의로 명성을 쌓던 중 '영어교육 콘텐츠 크리에이터'로 지식채널 EBSe에서 강의했으며 메가스터디 베스트 강사로 활약했다.

영어교육계에 발을 디딘 지 20여 년, 그동안 10권이 넘는 도서를 집필하고 영어앱을 개발하면서 바쁜 현대인들이 빠르고 효과적으로 영어를 익힐 수 있는 학습법을 꾸준히 연구해왔다. 그리고 끊임없는 고민과 브레인스토밍, 오랜 기간의 준비를 거쳐 클라스가 남다른 영어회화 훈련 프로그램을 개발했다. 네이티브가 일상에서 가장 많이 쓰는 1000문장을 엄선, 객관식 문제를 통해 두뇌를 자극하고 암기력을 극대화한 이 프로그램은, 189명의 직장인과 대학생을 대상으로 한 베타테스트로 그 학습효과를 확인했다. 학습자들의 더 완벽한 훈련을 위해서 모든 강의를 직접 진행하는 열의를 보였다. 이 책이 10년 공부보다 빠르고 강력하게 많은 이들의 영어 고민을 해소해주기를 고대하고 있다.

대표 저서

〈영어회화 벼락치기 시리즈〉(전3권) | 길벗이지톡|

〈스피킹 IDEA 쏘스북〉 | 랜덤하우스코리아 |

〈이기는 영작문〉 | 로그인 |

네이티브 영어회화 1000제
Test of English for Nativelike Communication – 1000Q

초판 1쇄 발행 · 2021년 5월 25일
초판 2쇄 발행 · 2023년 1월 20일

지은이 · 김재헌
발행인 · 이종원
발행처 · (주)도서출판 길벗
브랜드 · 길벗이지톡
출판사 등록일 · 1990년 12월 24일
주소 · 서울시 마포구 월드컵로 10길 56 (서교동)
대표 전화 · 02)332-0931 | **팩스** · 02)338-0388
홈페이지 · www.gilbut.co.kr | **이메일** · eztok@gilbut.co.kr

기획 및 책임 편집 · 임명진(jinny4u@gilbut.co.kr) | **디자인** · 황애라 | **제작** · 이준호, 손일순, 이진혁
마케팅 · 이수미, 장봉석, 최소영 | **영업관리** · 김명자, 심선숙 | **독자지원** · 윤정아, 최희창

편집진행 및 교정교열 · 강윤혜 | **전산편집** · 이현해
녹음편집 · 와이알미디어 | **CTP 출력 및 인쇄** · 북토리 | **제본** · 신정제본

ISBN 979-11-6521-548-4 (03740) (길벗도서번호 301083)
ⓒ 김재헌, 2021

정가 13,000원

독자의 1초까지 아껴주는 정성 길벗출판사
(주)도서출판 길벗 IT교육서, IT단행본, 경제경영서, 어학&실용서, 인문교양서, 자녀교육서
www.gilbut.co.kr
길벗스쿨 국어학습, 수학학습, 어린이교양, 주니어 어학학습, 학습단행본
www.gilbutschool.co.kr

" 당신의 영어회화는 몇 점입니까? "

☑ 나의 영어회화, 실전에서는 얼마나 통할까?

아직도 눈으로 영어회화를 공부하세요? 영어회화는 실전입니다. 영어가 필요한 그 순간 머릿속에서 표현이 떠올라 입으로 즉각 내뱉을 수 있어야 영어회화가 가능한 거죠. "어이없네!"(p.8)*, "소름 끼쳐."(p.9), "너 딱 걸렸어.(p.15)", "내 생각이 짧았어.(p.21)", "감 잡았어."(p.36), "나이는 못 속여.(p.71)", "몸져누웠어.(p.77)", "과찬이세요."(p.54) 일상에서 흔히 하는 말들이지만 영어로 하려면 어떤가요? 머릿속에 영어 표현이 딱 떠오르나요? 나도 모르게 영어 문장이 저절로 입에서 툭 튀어나오나요? 눈으로 봤을 때 아무리 쉬운 문장이라도 입으로 내뱉지 못한다면 사실상 자연스럽고 유창한 영어회화는 불가능합니다. *영어표현이 궁금하다면 〈영어회화 암기장〉에서 찾아보세요.

20여 년간 영어를 가르치면서 SAT, TOEIC, TOEFL 등 시험 점수와 실제 영어회화 실력의 격차가 큰 분들을 많이 만났습니다. 단어도, 아는 표현도 적지 않은데, 문법 기초도 있는데, 막상 영어로 말해야 하는 상황이 되면 왜 입이 안 떨어지는 걸까요? 단지 자신감이 부족해서일까요?

☑ 영어회화, 어설프게 알아서는 절대로 말할 수 없다!

언어 학습에서 가장 중요한 것은 상황, 즉 문맥입니다. 표현만 외워서는 실제로 어떤 상황에서 어떤 말투로 쓰는지 알 수가 없습니다. 표현의 뉘앙스를 알고 실제 이 표현이 쓰이는 상황이 담긴 대화문을 연습해 보면서 쓰임을 제대로 이해해야만 실전에 대비할 수 있습니다. 네이티브의 실감 나는 대화를 듣고 말해보며 정확한 활용과 미묘한 뉘앙스까지 익힐 수 있는 이 책을 통해 여러분은 "필요한 그 순간, 바로 입에서 나오는 영어"를 만나게 될 것입니다.

음, 영어로 뭐지?   뉘앙스와 쓰임 정리   아하, 바로 이 표현!

☑ 영어회화 공부, 나 자신을 정확히 아는 것이 시작!

내가 영어로 얼마나 말할 수 있는지는 몸소 부딪쳐봐야 알 수 있습니다. 해외여행을 갔을 때, 원어민과 대화할 때야 비로소 내 영어회화의 현주소를 깨닫게 되는데요. 그런 경험이 누군가에겐 영어 공부의 강력한 동기부여가 되기도 하지만, 자칫 심각한 영어 울렁증을 유발하여 영어와 영영 멀어지게 만들 수도 있습니다.

이 책은 네이티브가 일상에서 매일같이 사용하는 최다빈출 최신표현 1000문장을 엄선하여 '영어회화 실전대비 모의고사'로 만들었습니다. 실전이 아니므로 창피당할 걱정 없고 점수가 안 좋다고 스트레스를 받을 필요도 없습니다. 내가 영어를 얼마나 말할 수 있는지 정확히 진단하고 나에게 부족한 부분을 채워 가면 되니까요. 모든 공부의 시작은 나의 실력을 정확히 아는 데서 출발해야 합니다.

☑ 바로바로! 객관식 문제로 부담은 Down! 효과는 Up!

예로부터 우리는 객관식의 민족입니다. 그래서 이 책의 모의고사는 3가지 보기 중 고를 수 있는 객관식 형태로 되어 있는데요. 제시된 상황과 우리말에 맞는 영어 표현을 보기에서 콕 찍어주기만 하면 되니까 부담이 없습니다. 그러나 그 학습효과는 아주 강력하지요. 우리의 두뇌는 자극이 필요합니다. 시중의 영어책들 대부분 '학습→문제'의 순서로 표현 암기가 먼저 나옵니다. 암기는 단순 자극이라서 하루 수십 개의 표현을 외워도 며칠이 지나면 머릿속에서 사라지고 맙니다. 물론 이 과정도 반복한다면 언젠가 단기 기억이 장기 기억으로 전환될 수는 있죠. 하지만 큰 노력과 시간이 필요하기에 포기하기 쉽습니다.

이 책은 문제풀이를 통해 두뇌를 먼저 자극합니다. "이 말이 영어로 뭘까?" 고민하고 풀이 과정에서 표현을 명확히 인지하게 됩니다. 그래서 단순 암기보다 더 빠르고 효과적으로 표현을 익힐 수 있게 됩니다. 직장인과 대학생을 대상으로 2주일간 학습해본 결과, 단순 암기로 외웠을 때보다 암기 속도와 지속시간 면에서 최소 3배 이상 향상됨을 확인할 수 있었습니다. 단, 눈으로만 공부하지 말고 mp3를 듣고 따라 하면서 입으로도 연습해 주세요.

실전 모의고사 풀고   MP3 듣고 따라 하면   네이티브 영어회화 완성!

☑ 빨리빨리! 내가 모르는 표현만 골라서 빠르게 채운다!

모의고사 문제를 풀었는데 모르는 표현이 많이 나와서 당황했다고요? 아는 게 없는데 모의고사부터 풀기는 부담스럽다고요? Don't worry! 꼭 알아야 할 핵심만 요약 정리한 〈영어회화 암기장〉이 있으니까요. 당장 회화가 급한데 긴 설명을 읽으려면 답답하고 부담스럽죠. 그래서 암기장에는 표현을 이해하고 말하는 데 필요한 최소한의 정보만 담았습니다. 공부할 시간이 부족한 분, 성격이 급한 분도 부담 없이 스트레스 받지 않고 신나게 공부할 수 있습니다. 간단해서 내용이 부실한 건 아니냐고요? 언제 어떤 상황에서 쓰는 말인지, 어떤 단어가 들어가서 이런 표현이 되었는지, 사용 시 주의해야 할 사항은 없는지 꼼꼼히 군더더기는 싹 빼고 정리했어요. 표현을 알아도 실제 상황에 활용할 수 있어야 진정한 영어회화 실력인 만큼 네이티브가 나누는 생생한 대화문도 빠짐없이 챙겼습니다. 모의고사 문제를 먼저 푼 분들은 오답노트로 활용하시고, 공부 좀 더 하고 문제를 풀고 싶은 분들은 모의고사 대비 요점정리 노트로 활용하시면 됩니다.

There is no royal road to learning English.(영어 공부에 왕도는 없습니다.) 하지만 우리가 몰라서 안 하는 게 아니거든요. 24시간이 부족한 바쁜 현대인들이 많은 시간을 영어에 투자하기는 현실적으로 쉬운 일이 아닙니다. 그렇다면 현실적인 대안을 연구하고 준비하는 것이 영어 교육인들이 할 일이 아닌가 싶습니다. 모쪼록 이 책이 여러분에게 바람직한 대안이 될 수 있기를 희망합니다. 여러분의 하루 1%만 이 책에 투자하세요. 그리고 여러분이 하고 싶은 말을 마음껏 영어로 표현하는 기쁨을 누리시길 바랍니다. I hope you enjoy this book. Good Luck!

김재헌

PART 1

네이티브 영어회화
감정&상황 표현력
실전 테스트

PART 2

네이티브 영어회화
일상생활 적응력
실전 테스트

이 책의 구성 및
활용법

이 책은 학습자들의 영어회화 실력을 정확히 진단할 수 있는 〈실전 모의고사〉와 바쁜 학습자들이 시간 대비 최대의 학습효과를 이룰 수 있는 〈영어회화 암기장〉으로 구성되어 있습니다.

1권 | 네이티브 영어회화 1000제 실전 모의고사

영어회화, 실전에서 얼마나 말할 수 있나요? 모든 공부는 나의 실력을 정확히 아는 데서 시작합니다. 내 영어회화 실력을 정확히 진단하고 나에게 부족한 부분을 채워보세요. 실전 모의고사는 네이티브가 생활 속에서 매일 쓰는 최신 영어회화 표현을 엄선, 네이티브라면 하루 한 번은 꼭 말하는 감정과 상황 표현력을 테스트하는 Part 1과 일상생활 언제 어디서든 당황하지 않는 적응력을 테스트하는 Part 2로 구성했습니다. 학습자는 '문제풀이–채점 – 오답확인'의 빈틈없는 3중 훈련을 통해 실력을 정확하게 파악하여 실전에 완벽하게 대비할 수 있습니다.

모의고사

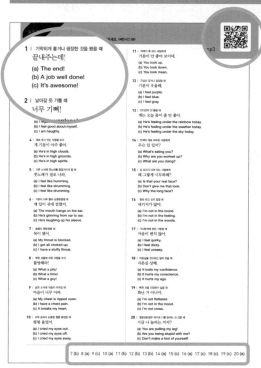

객관식 문제로 영어회화 실력 확인

부담 없고 친숙한 객관식 문제로 영어회화 실력을 확인합니다. 문항은 회당 20문제이며, 모두 50회 총 1000문제로 구성됩니다. 제시된 상황과 우리말에 맞는 영어 표현을 보기에서 찾아보세요. 정답은 아래에 제시되어 있습니다. 문제풀이가 끝난 후 헷갈렸거나 몰랐던 표현은 체크하여 암기합니다. QR코드를 스캔하여 네이티브의 정확한 발음으로 표현을 듣고 따라해 보세요.

연습

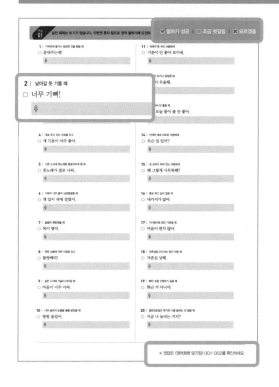

빈칸에 써보면서 확실한 복습!

앞에서 풀어본 문장들을 까먹기 전에 손으로 한번 써보세요. 헷갈리거나 모르는 문장이 있다면 〈영어회화 암기장〉에서 찾아 확인하고 넘어가세요. 영어회화 공부에서 눈은 사기꾼입니다. 눈으로 보면 쉬운 문장도 막상 말하려면 말문이 막히고 헷갈릴 수 있습니다. 손으로 써보고 MP3파일을 듣고 입으로 따라 말하면서 표현을 확실한 내 것으로 만드세요.

 ## 2권 │ 네이티브 영어회화 1000제 영어회화 암기장

네이티브 영어회화 실전 모의고사에 나온 1000문장의 핵심만 뽑아 정리한 암기장입니다. 주제별로 10문장씩 총 100과로 구성되어 있습니다. 실전 모의고사에서 틀린 문제는 내가 모르는 표현이니까 암기장에서 부족한 부분을 빠르게 채워가시면 됩니다. 당장 영어회화가 급한데 설명이 길면 답답하고 부담스럽죠? 그래서 말하기에 꼭 필요한 정보만을 담아 시간 없는 분, 성격 급한 분도 부담 없이 빨리 공부할 수 있도록 했습니다.

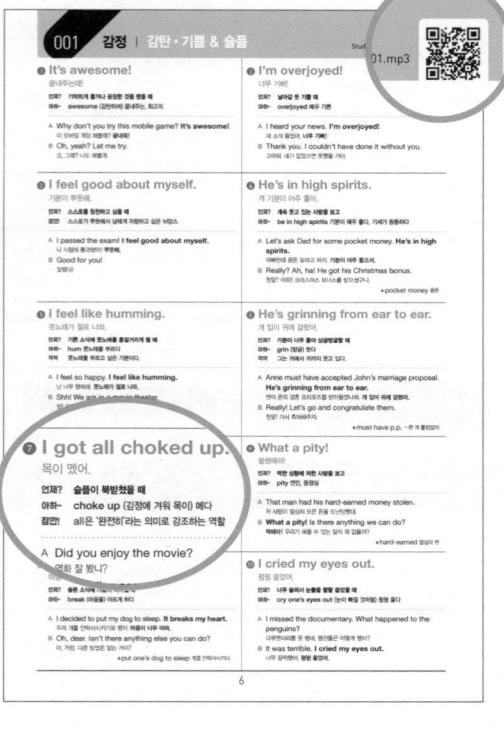

⚡ 네이티브 영어회화 급속충전

네이티브 영어회화 1000문장의 정확한 쓰임과 뉘앙스, 주의사항을 다음과 같이 구분하여 간단하게 정리했습니다.

언제?	어떤 상황에서 쓰이는 표현인지
아하~	표현 속 주요 어휘 설명
잠깐!	표현 사용 시 주의해야 할 사항이나 함께 알아두면 좋을 만한 표현들
직역	이해를 돕기 위해 표현을 직역해서 풀이

문장을 실제 상황에 활용할 수 있어야 진짜 실력입니다. 미드 속 한 장면처럼 생생한 대화문을 통해 네이티브가 실전 회화에서 어떻게 사용하는지 확인하세요.

✌ 학습자 취향에 맞춘 2가지 활용법

나의 취향	도전 지향형 "영어, 어디까지 말해봤니? 일단 도전!"	안정 추구형 "제대로 말하고 싶어. 쪽 팔리기 싫어!"
학습순서	**실전 모의고사 → 영어회화 암기장**	**영어회화 암기장 → 실전 모의고사**
학습방법	1 매일 3분, 그날의 문제를 푼다. 2 틀린 문제와 찍어서 맞힌 문제를 표시한다. 3 해당 문제만 암기장에서 다시 확인한다.	1 암기장의 관심 주제를 찾아 공부한다. 2 자신감이 생기면 모의고사에 도전한다. 3 아깝게 틀린 문제는 암기장으로 복습한다.

🎧 MP3파일 다운로드 방법

1 QR코드 스캔하기	**2 길벗 홈페이지**
휴대폰의 QR코드 리더기로 스캔하면 저자 음성강의와 영어예문 MP3파일을 들을 수 있는 페이지가 나옵니다.	홈페이지에서 도서명을 검색하면 MP3파일 다운로드와 바로 듣기가 가능합니다.

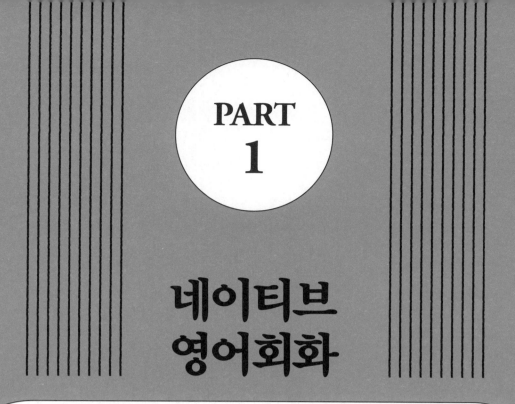

PART 1

네이티브 영어회화

감정&상황 표현력 실전 테스트

"콧노래가 절로 나와."

"시원섭섭해."

"머릿속이 하얘."

"뻘쭘하네."

"알딸딸해."

"두말하면 잔소리지."

"피가 거꾸로 솟아!"

{　여러분이 느끼는 다양한 감정과 기분을 영어로 얼마나 잘 표현할 수 있는지 확인해 보겠습니다.　}

1 | 기막히게 좋거나 굉장한 것을 봤을 때

끝내주는데!

(a) The end!
(b) A job well done!
(c) It's awesome!

2 | 날아갈 듯 기쁠 때

너무 기뻐!

(a) I'm overdone!
(b) I'm overjoyed!
(c) I'm overpaid!

3 | 스스로를 칭찬하고 싶을 때

기분이 뿌듯해.

(a) I regard myself highly.
(b) I feel good about myself.
(c) I am haughty.

4 | 계속 웃고 있는 사람을 보고

걔 기분이 아주 좋아.

(a) He's in high clouds.
(b) He's in high grounds.
(c) He's in high spirits.

5 | 기쁜 소식에 콧노래를 흥얼거리게 될 때

콧노래가 절로 나와.

(a) I feel like humming.
(b) I feel like strumming.
(c) I feel like drumming.

6 | 기분이 너무 좋아 싱글벙글할 때

걔 입이 귀에 걸렸어.

(a) The mouth hangs on the ear.
(b) He's grinning from ear to ear.
(c) He's laughing up his sleeve.

7 | 슬픔이 북받쳤을 때

목이 멨어.

(a) My throat is blocked.
(b) I got all choked up.
(c) I have a stuffy throat.

8 | 딱한 상황에 처한 사람을 보고

불쌍해라!

(a) What a pity!
(b) What a time!
(c) What a guy!

9 | 슬픈 소식에 가슴이 미어질 때

마음이 너무 아파.

(a) My chest is ripped open.
(b) I have a chest pain.
(c) It breaks my heart.

10 | 너무 슬퍼서 눈물을 콸콸 쏟았을 때

펑펑 울었어.

(a) I cried my eyes out.
(b) I cried my eyes off.
(c) I cried my eyes away.

11 | 어깨가 축 처진 사람에게

기분이 안 좋아 보이네.

(a) You look up.
(b) You look down.
(c) You look mean.

12 | 근심이 있거나 답답할 때

기분이 우울해.

(a) I feel purple.
(b) I feel blue.
(c) I feel gray.

13 | 컨디션이 안 좋을 때

걔는 오늘 몸이 좀 안 좋아.

(a) He's feeling under the rainbow today.
(b) He's feeling under the weather today.
(c) He's feeling under the sky today.

14 | 안색이 계속 어두운 사람에게

무슨 일 있어?

(a) What's eating you?
(b) Why are you worked up?
(c) What are you doing?

15 | 입 꼬리가 처져 있는 사람에게

왜 그렇게 시무룩해?

(a) Is that your real face?
(b) Don't give me that look.
(c) Why the long face?

16 | 별로 하고 싶지 않을 때

내키지가 않아.

(a) I'm not in the mood.
(b) I'm not in the feeling.
(c) I'm not in the woods.

17 | 가시방석에 앉은 기분일 때

마음이 편치 않아.

(a) I feel quirky.
(b) I feel dizzy.
(c) I feel uneasy.

18 | 자존심을 건드리는 일이 있을 때

자존심 상해.

(a) It boils my confidence.
(b) It hurts my conscience.
(c) It hurts my ego.

19 | 삐친 것을 인정하기 싫을 때

화난 거 아니야.

(a) I'm not flattered.
(b) I'm not in the mood.
(c) I'm not cross.

20 | 얼토당토않은 얘기로 나를 놀리는 것 같을 때

지금 나 놀리는 거지?

(a) You are pulling my leg!
(b) Are you being stupid with me?
(c) Don't make a fool of yourself!

정답 1 (c) 2 (b) 3 (b) 4 (c) 5 (a) 6 (b) 7 (b) 8 (a) 9 (c) 10 (a) 11 (b) 12 (b) 13 (b) 14 (a) 15 (c) 16 (a) 17 (c) 18 (c) 19 (c) 20 (a)

11

1 | 기막히게 좋거나 굉장한 것을 봤을 때

☐ 끝내주는데!

🎤

2 | 날아갈 듯 기쁠 때

☐ 너무 기뻐!

🎤

3 | 스스로를 칭찬하고 싶을 때

☐ 기분이 뿌듯해.

🎤

4 | 계속 웃고 있는 사람을 보고

☐ 걔 기분이 아주 좋아.

🎤

5 | 기쁜 소식에 콧노래를 흥얼거리게 될 때

☐ 콧노래가 절로 나와.

🎤

6 | 기분이 너무 좋아 싱글벙글할 때

☐ 걔 입이 귀에 걸렸어.

🎤

7 | 슬픔이 북받쳤을 때

☐ 목이 멨어.

🎤

8 | 딱한 상황에 처한 사람을 보고

☐ 불쌍해라!

🎤

9 | 슬픈 소식에 가슴이 미어질 때

☐ 마음이 너무 아파.

🎤

10 | 너무 슬퍼서 눈물을 퐐퐐 쏟았을 때

☐ 펑펑 울었어.

🎤

11 | 어깨가 축 처진 사람에게

☐ 기분이 안 좋아 보이네.

🎤

12 | 근심이 있거나 답답할 때

☐ 기분이 우울해.

🎤

13 | 컨디션이 안 좋을 때

☐ 걔는 오늘 몸이 좀 안 좋아.

🎤

14 | 안색이 계속 어두운 사람에게

☐ 무슨 일 있어?

🎤

15 | 입 꼬리가 처져 있는 사람에게

☐ 왜 그렇게 시무룩해?

🎤

16 | 별로 하고 싶지 않을 때

☐ 내키지가 않아.

🎤

17 | 가시방석에 앉은 기분일 때

☐ 마음이 편치 않아.

🎤

18 | 자존심을 건드리는 일이 있을 때

☐ 자존심 상해.

🎤

19 | 삐친 것을 인정하기 싫을 때

☐ 화난 거 아니야.

🎤

20 | 얼토당토않은 얘기로 나를 놀리는 것 같을 때

☐ 지금 나 놀리는 거지?

🎤

※ 정답은 〈영어회화 암기장〉 001-002를 확인하세요.

1 | 힘들던 일이 막상 끝나니 아쉬울 때
시원섭섭하네.

(a) It's a bitter-sweet feeling.
(b) It's a sour-sweet feeling.
(c) It's a bitter-cool feeling.

2 | 안타까운 소식을 들었을 때
아쉽다!

(a) What a mess!
(b) What a bore!
(c) What a shame!

3 | 멀쩡한 물건을 버릴 때
정말 아깝다.

(a) I can't bear to look.
(b) Don't let it be a garbage.
(c) It's such a waste.

4 | 아슬아슬하게 해내지 못했을 때
아까워라!

(a) It was so near!
(b) It was so close!
(c) It was so dear!

5 | 하는 일마다 꼬일 때
재수도 되게 없네.

(a) It was nearly a jackpot.
(b) Where's my fortune?
(c) Just my luck.

6 | 얼굴이 화끈거리는 상황을 겪었을 때
정말 쪽팔렸어.

(a) My face was sold.
(b) I felt so embarrassed.
(c) The face was reddened.

7 | 남들 앞에서 체면이 말이 아닐 때
체면 다 구겼네.

(a) My face is wrinkled.
(b) I've lost face.
(c) I've crumpled my face.

8 | 너무 황당해서 말문이 막힐 때
어이없네.

(a) I am connected.
(b) I am blocked.
(c) I am dumbfounded.

9 | 어색하고 쭈뼛거리는 상황일 때
뻘쭘하네.

(a) I want to hide.
(b) This is awkward.
(c) I'm burned up.

10 | 이것도 저것도 아닌 듯 헷갈릴 때
아리송하네.

(a) This is puzzling.
(b) This is twinkling.
(c) This is bubbling.

11 | 징그러운 거미가 어깨에 내려앉은 기분일 때
소름 끼쳐.

(a) They give me the creeps.
(b) They give me the tips.
(c) They give me the fingers.

12 | 극도의 무서움을 표현할 때
무서워서 죽을 뻔했어.

(a) I already died of terror.
(b) I was scared to death.
(c) I had a near-death experience.

13 | 기절할 것 같은 충격·공포를 경험했을 때
기절할 뻔했어.

(a) I almost passed on.
(b) I almost passed through.
(c) I almost passed out.

14 | 무섭고 긴장되어 땀이 날 때
식은땀이 났어.

(a) I broke out in a cold sweat.
(b) I took out a cold sweat.
(c) I fell off a cold sweat.

15 | 고소공포증·폐쇄공포증 등 병으로 분류되는 공포심이 있을 때
난 공포증이 있어.

(a) I have symptoms.
(b) I have a phobia.
(c) I have a prescription.

16 | 긴장해서 아무 생각도 안 날 때
머릿속이 하얘.

(a) I've gone blank.
(b) I've gone white.
(c) I've gone numb.

17 | 극도의 긴장감으로 심장이 쿵쿵 뛸 때
너무 긴장돼.

(a) I have butterflies in my stomach.
(b) I'm having a nervous breakdown.
(c) I'm shaking.

18 | 안 되면 어쩌나 하면서 손에서 땀이 날 때
조마조마해 죽겠어.

(a) I'm scared to death.
(b) The suspense is killing me.
(c) It's going to spell my death.

19 | 걱정이 해결돼 홀가분할 때
너무 다행이야.

(a) I'm so blessed.
(b) I'm so relieved.
(c) I'm so honored.

20 | 속 썩이던 일이 드디어 해결됐을 때
속이 다 시원하네.

(a) The inside is clear.
(b) Emptying my mind is so refreshing.
(c) Good riddance.

정답 1 (a) 2 (c) 3 (c) 4 (b) 5 (c) 6 (b) 7 (b) 8 (c) 9 (b) 10 (a) 11 (a) 12 (b) 13 (c) 14 (a) 15 (b) 16 (a) 17 (a) 18 (b) 19 (b) 20 (c)

1 ㅣ 힘들던 일이 막상 끝나니 아쉬울 때

☐ 시원섭섭하네.

2 ㅣ 안타까운 소식을 들었을 때

☐ 아쉽다!

3 ㅣ 멀쩡한 물건을 버릴 때

☐ 정말 아깝다.

4 ㅣ 아슬아슬하게 해내지 못했을 때

아까워라!

5 ㅣ 하는 일마다 꼬일 때

☐ 재수도 되게 없네.

6 ㅣ 얼굴이 화끈거리는 상황을 겪었을 때

☐ 정말 쪽팔렸어.

7 ㅣ 남들 앞에서 체면이 말이 아닐 때

☐ 체면 다 구겼네.

8 ㅣ 너무 황당해서 말문이 막힐 때

☐ 어이없네.

9 ㅣ 어색하고 쭈뼛거리는 상황일 때

☐ 뻘쭘하네.

10 ㅣ 이것도 저것도 아닌 듯 헷갈릴 때

☐ 아리송하네.

11 ㅣ 징그러운 거미가 어깨에 내려앉은 기분일 때

☐ 소름 끼쳐.

12 ㅣ 극도의 무서움을 표현할 때

☐ 무서워서 죽을 뻔했어.

13 ㅣ 기절할 것 같은 충격·공포를 경험했을 때

☐ 기절할 뻔했어.

14 ㅣ 무섭고 긴장되어 땀이 날 때

☐ 식은땀이 났어.

15 ㅣ 고소공포증·폐쇄공포증 등 병으로 분류되는 공포심이 있을 때

☐ 난 공포증이 있어.

16 ㅣ 긴장해서 아무 생각도 안 날 때

☐ 머릿속이 하얘.

17 ㅣ 극도의 긴장감으로 심장이 쿵쿵 뛸 때

☐ 너무 긴장돼.

18 ㅣ 안 되면 어쩌나 하면서 손에서 땀이 날 때

☐ 조마조마해 죽겠어.

19 ㅣ 걱정이 해결돼 홀가분할 때

☐ 너무 다행이야.

20 ㅣ 속 썩이던 일이 드디어 해결됐을 때

☐ 속이 다 시원하네.

※ 정답은 〈영어회화 암기장〉 003-004를 확인하세요.

1 ┃ 믿기 어려운 말을 들었을 때

그럴 리가!

(a) No way!
(b) No knowledge!
(c) Never in my life!

2 ┃ 믿기지 않는 일이 벌어졌을 때

말도 안 돼.

(a) I don't make this.
(b) I don't allow this.
(c) I don't believe this.

3 ┃ 농담인지 아닌지 확인할 때

정말이야?

(a) Are those real words?
(b) Are you the truth?
(c) Are you serious?

4 ┃ 아무도 알거나 예측하지 못했던 일일 때

누가 알았겠어?

(a) Who guessed it?
(b) No one saw it?
(c) Who would have known?

5 ┃ 놀랍고 짜증나는 상황에 닥쳤을 때

뭐야, 이거?

(a) What's the point?
(b) What the heck?
(c) What's that noise?

6 ┃ 전혀 예상치 못했던 소식을 듣고

그걸 듣고 정말 놀랐어.

(a) It took me completely by surprise.
(b) It took me completely by fear.
(c) It took me completely by force.

7 ┃ 뜻밖의 소식에 어안이 벙벙할 때

좀 충격을 받았어.

(a) I'm a little beaten.
(b) I'm a little shaken.
(c) I'm a little dumped.

8 ┃ 믿기 힘든 일이 벌어졌을 때

어떻게 이런 일이?

(a) Why did this work come to me?
(b) How can this be?
(c) How come I am given this task?

9 ┃ 기가 막혀 말이 안 나올 때

할 말을 잃었어.

(a) I forgot my words.
(b) I'm lost for words.
(c) I can't deliver my lines.

10 ┃ 믿기지 않는 끔찍한 일이 벌어졌을 때

이럴 수는 없어!

(a) This can't be happening!
(b) This is not a word!
(c) This happening is nothing!

11 ┃ 너무 지루해서 하품이 나오고 몸이 비비 꼬일 때

지루해 죽겠다.

(a) I'm bored to death.
(b) The boredom is a murder.
(c) I died of boredom.

12 ┃ 너무 지겨워서 토할 것 같을 때

지긋지긋해.

(a) I'm naked and shy of it.
(b) I'm sick and tired of it.
(c) I'm bored and satisfied with it.

13 ┃ 심신이 지쳐서 모든 게 귀찮을 때

만사가 귀찮아.

(a) Everything is such a mess.
(b) Everything is such a hassle.
(c) Everything is such a question.

14 ┃ 하루 종일 일이 계속 꼬일 때

오늘 만사가 안 풀리네.

(a) I'm having a twisted hair day.
(b) I'm having a black hair day.
(c) I'm having a bad hair day.

15 ┃ 주어진 상황이 무척 짜증날 때

왕짜증이야.

(a) It's an irritating direction.
(b) It's a drive off a cliff.
(c) It's driving me up the wall.

16 ┃ 해결 않고 놔두면 계속 찝찝할 상황일 때

그게 신경이 쓰여.

(a) My eyes can't rest.
(b) It bugs me.
(c) I'm having a nervous breakdown.

17 ┃ 참다 참다 드디어 화가 터졌을 때

미치겠네!

(a) For crying out loud!
(b) It's going insane!
(c) It's so crazy!

18 ┃ 참고 참았지만 더 이상은 참기 어려울 때

더 이상 못 참겠어.

(a) I can't breathe anymore.
(b) I can't swing it anymore.
(c) I can't take it anymore.

19 ┃ 성가신 일이 자꾸 괴롭힐 때

또 뭐야?

(a) What is next?
(b) Why bother?
(c) What now?

20 ┃ 계속되는 짜증스러운 행동에 폭발할 때

그만 좀 해라!

(a) Will you knock it off?
(b) Will you cut it off?
(c) Will you stand down?

정답 1 (a) 2 (c) 3 (c) 4 (c) 5 (b) 6 (a) 7 (b) 8 (b) 9 (b) 10 (a) 11 (a) 12 (b) 13 (b) 14 (c) 15 (c) 16 (b) 17 (a) 18 (c) 19 (c) 20 (a)

1 | 믿기 어려운 말을 들었을 때

☐ 그럴 리가!

2 | 믿기지 않는 일이 벌어졌을 때

☐ 말도 안 돼.

3 | 농담인지 아닌지 확인할 때

☐ 정말이야?

4 | 아무도 알거나 예측하지 못했던 일일 때

☐ 누가 알았겠어?

5 | 놀랍고 짜증나는 상황에 닥쳤을 때

☐ 뭐야, 이거?

6 | 전혀 예상치 못했던 소식을 듣고

☐ 그걸 듣고 정말 놀랐어.

7 | 뜻밖의 소식에 어안이 벙벙할 때

☐ 좀 충격을 받았어.

8 | 믿기 힘든 일이 벌어졌을 때

☐ 어떻게 이런 일이?

9 | 기가 막혀 말이 안 나올 때

☐ 할 말을 잃었어.

10 | 믿기지 않는 끔찍한 일이 벌어졌을 때

☐ 이럴 수는 없어!

11 | 너무 지루해서 하품이 나오고 몸이 비비 꼬일 때

☐ 지루해 죽겠다.

12 | 너무 지겨워서 토할 것 같을 때

☐ 지긋지긋해.

13 | 심신이 지쳐서 모든 게 귀찮을 때

☐ 만사가 귀찮아.

14 | 하루 종일 일이 계속 꼬일 때

☐ 오늘 만사가 안 풀리네.

15 | 주어진 상황이 무척 짜증날 때

☐ 왕짜증이야.

16 | 해결 않고 놔두면 계속 찜찜할 상황일 때

☐ 그게 신경이 쓰여.

17 | 참다 참다 드디어 화가 터졌을 때

☐ 미치겠네!

18 | 참고 참았지만 더 이상은 참기 어려울 때

☐ 더 이상 못 참겠어.

19 | 성가신 일이 자꾸 괴롭힐 때

☐ 또 뭐야?

20 | 계속되는 짜증스러운 행동에 폭발할 때

☐ 그만 좀 해라!

1 | 화가 치밀어 오를 때
진짜 화난다.

(a) I'm so prepared.
(b) I'm so exasperated.
(c) I'm so separated.

2 | 결국 화를 이기지 못했을 때
화를 못 참았어.

(a) I lost my temper.
(b) I lost my brain.
(c) I lost my dynamite.

3 | 불의를 보거나 억울한 일을 당했을 때
피가 거꾸로 솟는다!

(a) It makes my blood boil!
(b) It makes my blood soar!
(c) It makes my blood run!

4 | 짜증을 넘어 슬슬 화가 날 때
열 받네.

(a) That burns me up.
(b) That cooks me up.
(c) That warms me up.

5 | 분수 넘치는 건방진 행동을 보고
어떻게 감히 네가!

(a) How sharp you look!
(b) How you shake me!
(c) How dare you!

6 | 믿었던 사람에게 배신을 당했을 때
어떻게 이럴 수가 있어?

(a) How could you?
(b) What made you do it?
(c) Who's behind this?

7 | 누군가 때문에 몹시 짜증이나 화가 날 때
걔 때문에 미치겠어.

(a) She's a crazy woman.
(b) She's making me lonely.
(c) She's driving me crazy.

8 | 별거 아닌 일에 짜증을 낸 사람을 두고 말할 때
쟤가 성질을 부렸어.

(a) He threw a jar.
(b) He threw a tantrum.
(c) He threw a lid.

9 | 불만스럽거나 못마땅해서 토라진 사람을 두고 말할 때
쟤 삐쳤어.

(a) He's stuck up.
(b) He's sulking.
(c) He's working.

10 | 화가 난 사람을 진정시킬 때
진정해.

(a) Stay focused!
(b) Lie low!
(c) Calm down!

11 | 나한테 너무 불리할 때
불공평해요.

(a) It's not fair.
(b) I'm unfair.
(c) It's not balanced.

12 | 끝없는 잔소리가 지겨울 때
잔소리 좀 그만해요.

(a) Stop holding me.
(b) Stop lecturing me.
(c) Stop pinching me.

13 | 못마땅한 상황이 또 닥쳤을 때
또야!

(a) Not again!
(b) Another one!
(c) It's a repeat!

14 | 상대방이 못마땅한 행동을 반복할 때
또 그런다.

(a) Come again.
(b) There you go again.
(c) Repeat again.

15 | 부당하게 나를 분풀이 상대로 삼았을 때
나한테 화풀이하지 마.

(a) Don't touch my soul.
(b) Don't let me get angry.
(c) Don't take it out on me.

16 | 낄 자리가 아니라며 경고할 때
넌 빠져!

(a) You stay put!
(b) You stay out of this!
(c) You stay missing!

17 | 말도 안 되는 엉성한 변명을 듣고
허튼 소리 하지 마.

(a) Don't give me that.
(b) Don't make those wrong sounds.
(c) Stop bluffing.

18 | 내 주변에 얼쩡거리지 말라고 경고할 때
가까이 오지 마.

(a) Stop bragging around me.
(b) Stop surrounding me.
(c) Stay away from me.

19 | 감히 그럴 생각도 하지 말라고 경고할 때
그러기만 해봐라!

(a) This is a fair warning!
(b) I dare say!
(c) Don't you dare!

20 | 잊고 싶은 일을 자꾸 상기시킬 때
자꾸 들먹이지 마.

(a) Don't rub it in.
(b) Don't stick it in.
(c) Don't plug it in.

17

1 | 화가 치밀어 오를 때
☐ 진짜 화난다.

2 | 결국 화를 이기지 못했을 때
☐ 화를 못 참았어.

3 | 불의를 보거나 억울한 일을 당했을 때
☐ 피가 거꾸로 솟는다!

4 | 짜증을 넘어 슬슬 화가 날 때
☐ 열 받네.

5 | 분수 넘치는 건방진 행동을 보고
☐ 어떻게 감히 네가!

6 | 믿었던 사람에게 배신을 당했을 때
☐ 어떻게 이럴 수가 있어?

7 | 누군가 때문에 몹시 짜증이나 화가 날 때
☐ 걔 때문에 미치겠어.

8 | 별거 아닌 일에 짜증을 낸 사람을 두고 말할 때
☐ 쟤가 성질을 부렸어.

9 | 불만스럽거나 못마땅해서 토라진 사람을 두고 말할 때
☐ 쟤 삐쳤어.

10 | 화가 난 사람을 진정시킬 때
☐ 진정해.

11 | 나한테 너무 불리할 때
☐ 불공평해요.

12 | 끝없는 잔소리가 지겨울 때
☐ 잔소리 좀 그만해요.

13 | 못마땅한 상황이 또 닥쳤을 때
☐ 또야!

14 | 상대방이 못마땅한 행동을 반복할 때
☐ 또 그런다.

15 | 부당하게 나를 분풀이 상대로 삼았을 때
☐ 나한테 화풀이하지 마.

16 | 낄 자리가 아니라며 경고할 때
☐ 넌 빠져!

17 | 말도 안 되는 엉성한 변명을 듣고
☐ 허튼 소리 하지 마.

18 | 내 주변에 얼쩡거리지 말라고 경고할 때
☐ 가까이 오지 마.

19 | 감히 그럴 생각도 하지 말라고 경고할 때
☐ 그러기만 해봐라!

20 | 잊고 싶은 일을 자꾸 상기시킬 때
☐ 자꾸 들먹이지 마.

※ 정답은 〈영어회화 암기장〉 007-008를 확인하세요.

1 | 별것도 아닌데 무섭다고 야단일 때
엄살 좀 부리지 마.

(a) Don't be a watermelon.
(b) Don't be a crybaby.
(c) Don't be a yellow frog.

2 | 오버하는 게 거슬릴 때
호들갑 좀 떨지 마.

(a) Stop flirting.
(b) Stop twitching.
(c) Stop fussing.

3 | 자꾸 조르며 징징댈 때
보채지 좀 마.

(a) Stop crying.
(b) Stop whining.
(c) Stop grinning.

4 | 빨리 좀 하라고 쪼아댈 때
재촉하지 좀 마.

(a) Don't push me around.
(b) Don't bother me.
(c) Don't rush me.

5 | 실천 가능한지 고민 없이 말만 해댈 때
말이야 쉽지.

(a) Talk is cheap.
(b) Talk is basic.
(c) Talk is boring.

6 | 내가 말한 대로 결과가 나왔을 때
거봐!

(a) I told you so!
(b) You can see!
(c) You had your warning!

7 | 한 명을 집중적으로 놀리거나 못살게 굴 때
그 애를 괴롭히지 마.

(a) Stop pointing at her.
(b) Stop surrounding her.
(c) Stop picking on her.

8 | 참견하거나 신경 쓰지 말라고 할 때
넌 상관하지 마.

(a) You can't know the secret.
(b) It's none of your business.
(c) No knowledge is given to you.

9 | 과도하게 남의 일에 간섭하는 사람에게
너랑 무슨 상관인데?

(a) What's it to you?
(b) What's the relationship?
(c) What's the connection?

10 | 상대방의 아둔함에 질렸을 때
그걸 일일이 다 말해줘야 돼?

(a) Do I have to swallow it again for you?
(b) Do I have to sing it aloud for you?
(c) Do I have to spell it out for you?

11 | 자기밖에 모르는 사람에게
그렇게 이기적으로 굴지 좀 마.

(a) Don't be yourself.
(b) Don't be so selfish.
(c) Don't be a catfish.

12 | 제정신이라면 이럴 수가 없다 싶을 때
너 정신이 나갔구나.

(a) Your soul is gone.
(b) You're out of your mind.
(c) Your spirit has left you.

13 | 잘못을 저지르는 현장을 꼼짝없이 들킨 사람에게
너 딱 걸렸어.

(a) You are so roasted.
(b) You are so grinded.
(c) You are so busted.

14 | 불쌍할 정도로 누군가를 코너에 몰 때
걔한테 너무 심하게 굴지 마.

(a) Don't be too hard on him.
(b) Don't push him too much.
(c) Don't pull him so much.

15 | 도가 지나친 말이나 행동을 했을 때
그럴 것까진 없잖아.

(a) That was limitless.
(b) That was uncalled for.
(c) Your conduct is exempted.

16 | 그래도 싸다고 생각될 때
쌤통이다.

(a) You deserve it.
(b) You are cheap.
(c) You are so gullible.

17 | 무례함이 도를 지나쳤을 때
이거 너무하네!

(a) This is too high!
(b) This is too much!
(c) This is too heavy!

18 | 못된 짓을 일삼는 녀석에게
너 정말 못됐어.

(a) You are so mean.
(b) You are so generous.
(c) You are pulling my leg.

19 | 남의 감정을 갖고 놀 듯 상대방을 속일 때
그 여자가 널 갖고 노는 거야.

(a) She's hiding you.
(b) She's playing you.
(c) She's turning you.

20 | 눈치 없이 흥을 깨는 사람에게
분위기 깨지 마.

(a) Don't break the atmosphere.
(b) Don't spoil the fun.
(c) Don't spill water on the mood.

정답 1 (b) 2 (c) 3 (b) 4 (c) 5 (a) 6 (a) 7 (c) 8 (b) 9 (a) 10 (c) 11 (b) 12 (b) 13 (c) 14 (a) 15 (b) 16 (a) 17 (b) 18 (a) 19 (b) 20 (b)

1 | 별것도 아닌데 무섭다고 야단일 때

☐ 엄살 좀 부리지 마.

2 | 오버하는 게 거슬릴 때

☐ 호들갑 좀 떨지 마.

3 | 자꾸 조르며 징징댈 때

☐ 보채지 좀 마.

4 | 빨리 좀 하라고 쪼아댈 때

☐ 재촉하지 좀 마.

5 | 실천 가능한지 고민 없이 말만 해댈 때

☐ 말이야 쉽지.

6 | 내가 말한 대로 결과가 나왔을 때

☐ 거봐!

7 | 한 명을 집중적으로 놀리거나 못살게 굴 때

☐ 그 애를 괴롭히지 마.

8 | 참견하거나 신경 쓰지 말라고 할 때

☐ 넌 상관하지 마.

9 | 과도하게 남의 일에 간섭하는 사람에게

☐ 너랑 무슨 상관인데?

10 | 상대방의 아둔함에 질렸을 때

☐ 그걸 일일이 다 말해줘야 돼?

11 | 자기밖에 모르는 사람에게

☐ 그렇게 이기적으로 굴지 좀 마.

12 | 제정신이라면 이럴 수가 없다 싶을 때

☐ 너 정신이 나갔구나.

13 | 잘못을 저지르는 현장을 꼼짝없이 들킨 사람에게

☐ 너 딱 걸렸어.

14 | 불쌍할 정도로 누군가를 코너에 몰 때

☐ 걔한테 너무 심하게 굴지 마.

15 | 도가 지나친 말이나 행동을 했을 때

☐ 그럴 것까진 없잖아.

16 | 그래도 싸다고 생각될 때

☐ 쌤통이다.

17 | 무례함이 도를 지나쳤을 때

☐ 이거 너무하네!

18 | 못된 짓을 일삼는 녀석에게

☐ 너 정말 못됐어.

19 | 남의 감정을 갖고 놀 듯 상대방을 속일 때

☐ 그 여자가 널 갖고 노는 거야.

20 | 눈치 없이 흥을 깨는 사람에게

☐ 분위기 깨지 마.

※ 정답은 〈영어회화 암기장〉 009-010를 확인하세요.

1 | 뻔뻔하고 얼굴 두껍게 구는 사람에게

넌 염치도 없구나.

(a) You have no sense.
(b) You have no bravery.
(c) You have no shame.

2 | 말이나 행동이 너무 심할 때

도가 너무 지나쳤어.

(a) That was out of line.
(b) The note was too strong.
(c) The word was over the top.

3 | 구경거리가 될 정도로 부끄러운 짓을 할 때

사람들 보는데 이게 뭐야.

(a) You're making a pie.
(b) You're making a scene.
(c) You're making a joke.

4 | 말썽꾸러기가 또 한 건 저질렀을 때

또 무슨 일을 저지른 거야?

(a) What have you borrowed now?
(b) What have you spilt now?
(c) What have you done now?

5 | 부모가 아이의 무례함을 나무랄 때

왜 이렇게 버릇없게 구니?

(a) Where are your rules?
(b) Where are your habits?
(c) Where are your manners?

6 | 보기 흉한 짓에 혀를 찰 때

정말 꼴불견이다.

(a) What an eyesore.
(b) I can't bear to watch.
(c) It's really a sight to see.

7 | 구렁이 담 넘듯 슬쩍 말을 피할 때

얼버무리고 넘어갈 생각 마.

(a) Don't try to trip over this.
(b) Don't try to jump over this.
(c) Don't try to gloss over this.

8 | 게으름 피우며 대충 일하는 사람에게

게으름 피우지 마.

(a) Don't slack off.
(b) Don't cause a scare.
(c) Don't throw a tantrum.

9 | 변명을 늘어놓는 게 보일 때

변명하지 마.

(a) Don't make pancakes.
(b) Don't make excuses.
(c) Don't make a fool of yourself.

10 | 말도 안 되는 변명을 할 때

궁색한 변명 하고 있네.

(a) That's a poor contrast.
(b) You're telling a tall tale.
(c) That's a lame excuse.

11 | 상대방이 버릇없이 함부로 말할 때

입조심해!

(a) Watch out for your words!
(b) Be alert with your vocabulary!
(c) Watch your mouth!

12 | 상대방이 욕이나 저속한 말을 할 때

말 가려서 해.

(a) Mind your language.
(b) Wave your language.
(c) Turn your language.

13 | 모욕적인 말을 들었을 때

그 말 취소해.

(a) You take it back.
(b) You take it out.
(c) You call it quits.

14 | 소문 내고 수다 떨기를 좋아하는 사람에 대해

걔는 입이 싸.

(a) His mouth is cheap.
(b) He has a big mouth.
(c) His words are too wide.

15 | 눈치 없이 너무 솔직한 사람에게

넌 너무 솔직해서 탈이야.

(a) You're too outspoken.
(b) You're too talkative.
(c) You're too untruthful.

16 | 듣기 좋으라고 하는 말임을 간파했을 때 또는 영혼 없이 말로만 때우는 상대에게

입에 발린 소리 그만해.

(a) Stop giving me fake letters.
(b) Stop giving me lip service.
(c) Stop giving me light words.

17 | 말하고 있는데 불쑥 말을 자를 때

끼어들지 마.

(a) Stop shoving.
(b) Don't interrupt.
(c) Don't slice me.

18 | 고개 빳빳이 들고 내게 대들 때

말대꾸하지 마.

(a) Don't return my words.
(b) Don't talk back to me.
(c) Stop talking behind my back.

19 | 듣기 싫은 화제를 꺼내려 할 때

그런 얘기는 꺼내지도 마.

(a) Don't even bring that up.
(b) Don't even bring that over.
(c) Don't even pull that out.

20 | 말은 많은데 무슨 소린지 알아들을 수 없는 사람을 두고 말할 때

걔 횡설수설하고 있어.

(a) He's talking gibberish.
(b) He's talking in Globish.
(c) He's zigzagging.

정답 1 (c) 2 (a) 3 (b) 4 (c) 5 (c) 6 (a) 7 (c) 8 (a) 9 (b) 10 (c) 11 (c) 12 (a) 13 (a) 14 (b) 15 (a) 16 (b) 17 (b) 18 (b) 19 (a) 20 (a)

1 ǀ 뻔뻔하고 얼굴 두껍게 구는 사람에게

☐ 넌 염치도 없구나.

2 ǀ 말이나 행동이 너무 심할 때

☐ 도가 너무 지나쳤어.

3 ǀ 구경거리가 될 정도로 부끄러운 짓을 할 때

☐ 사람들 보는데 이게 뭐야.

4 ǀ 말썽꾸러기가 또 한 건 저질렀을 때

☐ 또 무슨 일을 저지른 거야?

5 ǀ 부모가 아이의 무례함을 나무랄 때

☐ 왜 이렇게 버릇없게 구니?

6 ǀ 보기 흉한 짓에 혀를 찰 때

☐ 정말 꼴불견이다.

7 ǀ 구렁이 담 넘듯 슬쩍 말을 피할 때

☐ 얼버무리고 넘어갈 생각 마.

8 ǀ 게으름 피우며 대충 일하는 사람에게

☐ 게으름 피우지 마.

9 ǀ 변명을 늘어놓는 게 보일 때

☐ 변명하지 마.

10 ǀ 말도 안 되는 변명을 할 때

☐ 궁색한 변명 하고 있네.

11 ǀ 상대방이 버릇없이 함부로 말할 때

☐ 입조심해!

12 ǀ 상대방이 욕이나 저속한 말을 할 때

☐ 말 가려서 해.

13 ǀ 모욕적인 말을 들었을 때

☐ 그 말 취소해.

14 ǀ 소문 내고 수다 떨기를 좋아하는 사람에 대해

☐ 걔는 입이 싸.

15 ǀ 눈치 없이 너무 솔직한 사람에게

☐ 넌 너무 솔직해서 탈이야.

16 ǀ 듣기 좋으라고 하는 말임을 간파했을 때 또는 영혼 없이 말로만 때우는 상대에게

☐ 입에 발린 소리 그만해.

17 ǀ 말하고 있는데 불쑥 말을 자를 때

☐ 끼어들지 마.

18 ǀ 고개 빳빳이 들고 내게 대들 때

☐ 말대꾸하지 마.

19 ǀ 듣기 싫은 화제를 꺼내려 할 때

☐ 그런 얘기는 꺼내지도 마.

20 ǀ 말은 많은데 무슨 소린지 알아들을 수 없는 사람을 두고 말할 때

☐ 걔 횡설수설하고 있어.

1 | 서서히 나를 놀리거나 화나게 할 때

약 올리지 마.

(a) Stop winding me up.
(b) Don't give up medicine.
(c) Stop turning me upside down.

2 | 나를 흉내 내며 놀릴 때

나 놀리는 거야?

(a) Are you playing with me?
(b) Are you mocking me?
(c) Are you having fun with me?

3 | 뒷담화하는 게 듣기 싫을 때

브랜든을 흉보지 마.

(a) Don't monster-mouth Brandon.
(b) Don't wide-mouth Brandon.
(c) Don't bad-mouth Brandon.

4 | 듣기 싫은 별명을 부르거나 욕하는 사람에게

걔한테 욕하지 마.

(a) Stop calling him badly.
(b) Stop calling him loudly.
(c) Stop calling him names.

5 | 사회적 위치나 나이에 걸맞지 않게 행동할 때

이름값 좀 해라.

(a) Make your name proud.
(b) Remember your name's price.
(c) Live up to your name.

6 | 쳐다보기 싫을 정도로 미울 때

너 밥맛이야.

(a) You put me off.
(b) You taste awful.
(c) I can't look you in the eye.

7 | 당한 대로 앙갚음을 하려 할 때

너에게 똑같이 갚아주마.

(a) I'll get even with you.
(b) I'll have the same.
(c) You will be paid equally.

8 | 누군가의 버릇을 고쳐주려고 할 때

쟤 손 좀 봐줘야겠어.

(a) I'm going to look at his hands.
(b) I'm going to teach him a lesson.
(c) I'm going to give him a hand.

9 | 저지른 만큼 당하고 있음을 알려줄 때

걔가 너한테 복수하는 거야.

(a) She's going back for you.
(b) She's talking back at you.
(c) She's getting back at you.

10 | 오래된 악감정을 정리할 필요가 있을 때

풀어야 할 원한이 있어.

(a) I have a score to settle.
(b) I have to solve a problem.
(c) A revenge is my solution.

11 | 내가 할 말을 적반하장 격으로 상대가 할 때

사돈 남 말 하네!

(a) You're telling a story!
(b) Look who's talking!
(c) You sound the same!

12 | 말도 안 되는 소리를 해댈 때

헛소리 좀 하지 마.

(a) Stop shaking with lies.
(b) Don't give me that baloney.
(c) You're a hot air balloon.

13 | 말하기 곤란하거나 불리할 때 상관없는 말을 꺼내며 화제를 바꾸려는 상대에게

말 돌리지 마.

(a) Don't change the vocabulary.
(b) Don't change the object.
(c) Don't change the subject.

14 | 상대방이 알고도 모른 척할 때

시치미 떼지 마.

(a) Don't sing the song with me.
(b) Don't walk the road with me.
(c) Don't play dumb with me.

15 | 퉁명스럽게 받아 칠 때

그래서 뭐?

(a) So is it?
(b) What of it?
(c) Then what?

16 | 주제와 상관없는 엉뚱한 내용을 지적할 때

그게 무슨 상관인데?

(a) What's that got to do with it?
(b) What does that mean?
(c) What's that over there?

17 | 주제넘게 행동하는 사람에게

네가 뭔데 그래?

(a) Who do you think you are?
(b) Why the pretence?
(c) Do you have the right?

18 | 나의 능력을 과소평가할 때

날 뭘로 보는 거야?

(a) What do you take me for?
(b) What do you see in me?
(c) Why are you looking at me?

19 | 주장하는 근거를 대라고 할 때

무슨 근거로?

(a) On what grounds?
(b) What is your source?
(c) Where is the root?

20 | 마음대로 해보라며 배짱부릴 때

배 째!

(a) So kick me!
(b) So move me!
(c) So sue me!

정답 1 (a) 2 (b) 3 (c) 4 (c) 5 (c) 6 (a) 7 (a) 8 (b) 9 (c) 10 (a) 11 (b) 12 (b) 13 (c) 14 (c) 15 (b) 16 (a) 17 (a) 18 (a) 19 (a) 20 (c)

1 | 서서히 나를 놀리거나 화나게 할 때
☐ 약 올리지 마.

2 | 나를 흉내 내며 놀릴 때
☐ 나 놀리는 거야?

3 | 뒷담화하는 게 듣기 싫을 때
☐ 브랜든을 흉보지 마.

4 | 듣기 싫은 별명을 부르거나 욕하는 사람에게
☐ 걔한테 욕하지 마.

5 | 사회적 위치나 나이에 걸맞지 않게 행동할 때
☐ 이름값 좀 해라.

6 | 쳐다보기 싫을 정도로 미울 때
☐ 너 밥맛이야.

7 | 당한 대로 앙갚음을 하려 할 때
☐ 너에게 똑같이 갚아주마.

8 | 누군가의 버릇을 고쳐주려고 할 때
☐ 쟤 손 좀 봐줘야겠어.

9 | 저지른 만큼 당하고 있음을 알려줄 때
☐ 걔가 너한테 복수하는 거야.

10 | 오래된 악감정을 정리할 필요가 있을 때
☐ 풀어야 할 원한이 있어.

11 | 내가 할 말을 적반하장 격으로 상대가 할 때
☐ 사돈 남 말 하네!

12 | 말도 안 되는 소리를 해댈 때
☐ 헛소리 좀 하지 마.

13 | 말하기 곤란하거나 불리할 때 상관없는 말을 꺼내며 화제를 바꾸려는 상대에게
☐ 말 돌리지 마.

14 | 상대방이 알고도 모른 척할 때
☐ 시치미 떼지 마.

15 | 퉁명스럽게 받아 칠 때
☐ 그래서 뭐?

16 | 주제와 상관없는 엉뚱한 내용을 지적할 때
☐ 그게 무슨 상관인데?

17 | 주제넘게 행동하는 사람에게
☐ 네가 뭔데 그래?

18 | 나의 능력을 과소평가할 때
☐ 날 뭘로 보는 거야?

19 | 주장하는 근거를 대라고 할 때
☐ 무슨 근거로?

20 | 마음대로 해보라며 배짱부릴 때
☐ 배 째!

※ 정답은 〈영어회화 암기장〉 013-014를 확인하세요.

1 | 오해의 소지가 있을 때

오해하지 마.

(a) Don't get me anything.
(b) Don't get me something.
(c) Don't get me wrong.

2 | 상대에게 설명을 요구할 때

바른대로 말해.

(a) Talk to me correctly.
(b) Tell me in a straight line.
(c) You owe me an explanation.

3 | 고의가 아니었다고 해명할 때

일부러 그런 게 아니야.

(a) I didn't do it on purpose.
(b) I didn't make it happen.
(c) I didn't bring the bill.

4 | 내가 한 말에 대해 후회가 될 때

그런 말 하려던 게 아니었어.

(a) Ignore what I said.
(b) I didn't mean to say that.
(c) The meaning is not correct.

5 | 본의 아니게 사적인 내용을 건드렸을 때

캐물으려던 건 아니었어.

(a) I didn't mean to pry.
(b) I didn't mean to fry.
(c) I didn't mean to pretend.

6 | 상황 상 어쩔 수 없었다고 해명할 때

어쩔 수가 없었어.

(a) I couldn't help it.
(b) I had nothing to do with it.
(c) No one could close it.

7 | 전혀 생각지도 못했을 때

꿈에도 몰랐어!

(a) I didn't dream it!
(b) I had no idea!
(c) It was never in the nightmare!

8 | 노력했지만 역부족이었다고 항변할 때

나보고 어쩌라고?

(a) What was I supposed to do?
(b) You want me to solve it?
(c) I couldn't take control!

9 | 의도하지 않았는데 상황이 전개됐을 때

어쩌다 보니.

(a) One and one makes two.
(b) One plus two is three.
(c) One thing led to another.

10 | 깊이 생각하지 않고 행동했을 때

충동적으로 그랬어.

(a) I acted on impulse.
(b) I acted with certainty.
(c) I acted bravely.

11 | 남이 파놓은 함정에 빠졌을 때

거기에 낚였어.

(a) I fell for it.
(b) I fell on it.
(c) I fell off it.

12 | 자신의 어리석은 행동을 깨달았을 때

바보 같은 짓을 했어.

(a) I played dumb.
(b) I was stupid to myself.
(c) I made a fool of myself.

13 | 예상하지 못했던 일이 일어났을 때

이럴 줄 몰랐어.

(a) I didn't watch that coming.
(b) I didn't see that coming.
(c) I didn't know the best part.

14 | 흥분해서 자제를 못했을 때

내가 오버했어.

(a) I got carried away.
(b) I overcame it.
(c) It took me away.

15 | 잘못된 판단이라고 인정하거나 후회할 때

내 생각이 짧았어.

(a) My mind was loose.
(b) My thinking wasn't long.
(c) I wasn't thinking straight.

16 | 정중하게 사과하고 싶을 때

너한테 사과하고 싶어.

(a) I want my apology.
(b) I owe you an apology.
(c) I will make you sorry.

17 | 말이 심했던 것을 사과할 때

너한테 쏘아붙여서 미안해.

(a) Sorry I snapped at you.
(b) Sorry I slapped you.
(c) Sorry I bit your head.

18 | 나 때문에 상대가 언짢아할 때

기분 상하게 했다면 미안해.

(a) Sorry for my bad mood.
(b) Sorry if I ruled you out.
(c) Sorry if I offended you.

19 | 너무 직설적으로 말했을 때

대놓고 말해서 미안해.

(a) Pardon my bluntness.
(b) I apologize for my behavior.
(c) I'm sorry about my husky voice.

20 | 나 때문에 상대의 기분이 상한 것 같을 때

기분 나쁜 거 아니지?

(a) No hard feelings, I hope.
(b) No unstable feelings, I hope.
(c) No mushy feelings, I hope.

정답 1 (c) 2 (c) 3 (a) 4 (b) 5 (a) 6 (a) 7 (b) 8 (a) 9 (c) 10 (a) 11 (a) 12 (c) 13 (b) 14 (a) 15 (c) 16 (b) 17 (a) 18 (c) 19 (a) 20 (a)

1 | 오해의 소지가 있을 때

☐ 오해하지 마.

2 | 상대에게 설명을 요구할 때

☐ 바른대로 말해.

3 | 고의가 아니었다고 해명할 때

☐ 일부러 그런 게 아니야.

4 | 내가 한 말에 대해 후회가 될 때

☐ 그런 말 하려던 게 아니었어.

5 | 본의 아니게 사적인 내용을 건드렸을 때

☐ 캐물으려던 건 아니었어.

6 | 상황 상 어쩔 수 없었다고 해명할 때

☐ 어쩔 수가 없었어.

7 | 전혀 생각지도 못했을 때

☐ 꿈에도 몰랐어!

8 | 노력했지만 역부족이었다고 항변할 때

☐ 나보고 어쩌라고?

9 | 의도하지 않았는데 상황이 전개됐을 때

☐ 어쩌다 보니.

10 | 깊이 생각하지 않고 행동했을 때

☐ 충동적으로 그랬어.

11 | 남이 파놓은 함정에 빠졌을 때

☐ 거기에 낚였어.

12 | 자신의 어리석은 행동을 깨달았을 때

☐ 바보 같은 짓을 했어.

13 | 예상하지 못했던 일이 일어났을 때

☐ 이럴 줄 몰랐어.

14 | 흥분해서 자제를 못했을 때

☐ 내가 오버했어.

15 | 잘못된 판단이라고 인정하거나 후회할 때

☐ 내 생각이 짧았어.

16 | 정중하게 사과하고 싶을 때

☐ 너한테 사과하고 싶어.

17 | 말이 심했던 것을 사과할 때

☐ 너한테 쏘아붙여서 미안해.

18 | 나 때문에 상대가 언짢아할 때

☐ 기분 상하게 했다면 미안해.

19 | 너무 직설적으로 말했을 때

☐ 대놓고 말해서 미안해.

20 | 나 때문에 상대의 기분이 상한 것 같을 때

☐ 기분 나쁜 거 아니지?

※ 정답은 〈영어회화 암기장〉 015-016를 확인하세요.

1 | 같이 있으면 절로 웃음이 나오는 사람을 두고 말할 때

걔는 유머감각이 있어.

(a) He is a laughing person.
(b) He has the feel of a clown.
(c) He has a sense of humor.

2 | 항상 좋은 면만 보는 낙천적인 사람을 두고 말할 때

난 긍정적인 사람이야.

(a) I'm a pessimistic person.
(b) I'm an optimistic person.
(c) I'm a negative person.

3 | 누구든 잘 어울리는 성격의 사람을 두고 말할 때

걔는 성격이 원만해.

(a) She's an easygoing person.
(b) She has a smooth personality.
(c) Her characteristic is round.

4 | 항상 서두르지 않고 여유가 있는 성격의 사람을 두고 말할 때

걔는 성격이 느긋해.

(a) He has a back-to-front personality.
(b) He has a laid-back personality.
(c) He has a down-from-heaven personality.

5 | 누구하고나 편하게 잘 어울리는 사람을 두고 말할 때

그는 사람들하고 잘 어울려.

(a) He's gregarious.
(b) He's cautious.
(c) He's outrageous.

6 | 배려심이 많고 사려 깊은 사람을 두고 말할 때

걔는 사려 깊어.

(a) She's faithful.
(b) She's truthful.
(c) She's thoughtful.

7 | 편견 없이 열린 사고를 가진 사람을 두고 말할 때

그는 사고가 상당히 열려 있어.

(a) He's a deep thinking man.
(b) He's very open-minded.
(c) He opens his heart to everyone.

8 | 외모나 성격이 왠지 끌리는 사람을 두고 말할 때

그는 호감형이야.

(a) He's the sensible type.
(b) He has good feelings.
(c) He's a likable guy.

9 | 삐진 게 오래가지 않는 성격을 두고 말할 때

걔는 뒤끝이 없어.

(a) He doesn't keep a revenge.
(b) He doesn't hold a grudge.
(c) He doesn't have an aftertaste.

10 | 개성 넘치는 친구를 두고 말할 때

넌 정말 독특해.

(a) You are one of them.
(b) You are one of a kind.
(c) You are one of some.

11 | 성질이 거칠고 고약한 사람을 두고 말할 때

쟤 성깔 있어.

(a) He is flawed.
(b) He has a vivid character.
(c) He has a temper.

12 | 냉혈한처럼 차가운 사람을 두고 말할 때

그는 냉정해.

(a) He's cold-hearted.
(b) He has a cold.
(c) He is in winter.

13 | 거만하고 잘난 척하는 성격을 두고 말할 때

쟤는 너무 거들먹거려.

(a) He's a mountain lion.
(b) He has showmanship.
(c) He's so stuck-up.

14 | 상황에 따라 바꿀 줄 모르는 성격을 두고 말할 때

그는 융통성이 없어.

(a) He's inflexible.
(b) He's irritable.
(c) He's indifferent.

15 | 남의 말을 쉽게 믿고 잘 넘어가는 사람을 두고 말할 때

그녀는 귀가 얇아.

(a) She has a deer's ears.
(b) She has thin ear tips.
(c) She's gullible.

16 | 물에 물 탄 듯 술에 술 탄 듯한 사람을 두고 말할 때

걔는 우유부단해.

(a) He's wishy-washy.
(b) He's milky blue.
(c) He's light-headed.

17 | 쉽게 친해지지 못하는 성격을 두고 말할 때

걔는 낯을 가려.

(a) He's shy on strangers.
(b) He's shy at strangers.
(c) He's shy of strangers.

18 | 말이 없고 혼자 있는 게 편한 사람을 두고 말할 때

그 애는 내성적이야.

(a) She's withdrawn.
(b) She's a fly on the wall.
(c) She has a small circle.

19 | 자신만의 독특한 사고방식의 소유자를 두고 말할 때

걔는 4차원이야.

(a) She's broken a fourth wall.
(b) She has many dimensions.
(c) She lives in her own world.

20 | 매사에 손해 보지 않으려는 사람을 두고 말할 때

그는 계산적인 사람이야.

(a) He's a calculating person.
(b) He's a mathematician.
(c) He's always evaluating.

정답 1 (c) 2 (b) 3 (a) 4 (b) 5 (a) 6 (c) 7 (b) 8 (c) 9 (b) 10 (b) 11 (c) 12 (a) 13 (c) 14 (a) 15 (c) 16 (a) 17 (c) 18 (a) 19 (c) 20 (a)

1 | 같이 있으면 절로 웃음이 나오는 사람을 두고 말할 때
☐ 걔는 유머감각이 있어.

2 | 항상 좋은 면만 보는 낙천적인 사람을 두고 말할 때
☐ 난 긍정적인 사람이야.

3 | 누구든 잘 어울리는 성격의 사람을 두고 말할 때
☐ 걔는 성격이 원만해.

4 | 항상 서두르지 않고 여유가 있는 성격의 사람을 두고 말할 때
☐ 걔는 성격이 느긋해.

5 | 누구하고나 편하게 잘 어울리는 사람을 두고 말할 때
☐ 그는 사람들하고 잘 어울려.

6 | 배려심이 많고 사려 깊은 사람을 두고 말할 때
☐ 걔는 사려 깊어.

7 | 편견 없이 열린 사고를 가진 사람을 두고 말할 때
☐ 그는 사고가 상당히 열려 있어.

8 | 외모나 성격이 왠지 끌리는 사람을 두고 말할 때
☐ 그는 호감형이야.

9 | 삐진 게 오래가지 않는 성격을 두고 말할 때
☐ 걔는 뒤끝이 없어.

10 | 개성 넘치는 친구를 두고 말할 때
☐ 넌 정말 독특해.

11 | 성질이 거칠고 고약한 사람을 두고 말할 때
☐ 쟤 성깔 있어.

12 | 냉혈한처럼 차가운 사람을 두고 말할 때
☐ 그는 냉정해.

13 | 거만하고 잘난 척하는 성격을 두고 말할 때
☐ 쟤는 너무 거들먹거려.

14 | 상황에 따라 바꿀 줄 모르는 성격을 두고 말할 때
☐ 그는 융통성이 없어.

15 | 남의 말을 쉽게 믿고 잘 넘어가는 사람을 두고 말할 때
☐ 그녀는 귀가 얇아.

16 | 물에 물 탄 듯 술에 술 탄 듯한 사람을 두고 말할 때
☐ 걔는 우유부단해.

17 | 쉽게 친해지지 못하는 성격을 두고 말할 때
☐ 걔는 낯을 가려.

18 | 말이 없고 혼자 있는 게 편한 사람을 두고 말할 때
☐ 그 애는 내성적이야.

19 | 자신만의 독특한 사고방식의 소유자를 두고 말할 때
☐ 걔는 4차원이야.

20 | 매사에 손해 보지 않으려는 사람을 두고 말할 때
☐ 그는 계산적인 사람이야.

※ 정답은 〈영어회화 암기장〉 017-018를 확인하세요.

1 | 약속 날짜를 잡고 싶을 때

날짜를 정하자.

(a) Let's introduce a date.
(b) Let's set a date.
(c) Let's give each other a date.

2 | 인사차 한번 보자고 할 때

언제 다 같이 보자.

(a) Let's all get together sometime.
(b) Let's all get together anytime.
(c) Let's all get together this instant.

3 | 상대방 편할 때 연락하라는 말

언제든지 전화 주세요.

(a) Give me a call anytime.
(b) Pass me a call anytime.
(c) Make me a call anytime.

4 | 친구에게 만나자고 제안할 때

이번 주말에 만나자.

(a) Let's roll up this weekend.
(b) Let's move in this weekend.
(c) Let's meet up this weekend.

5 | 시간이 되는지 물을 때

내일 시간 있어?

(a) Are you free tomorrow?
(b) Does tomorrow meet you?
(c) Will tomorrow be easy?

6 | 약속시간에 늦은 친구를 타박할 때

왜 늦은 거야?

(a) What hit you?
(b) What kept you?
(c) Who timed you?

7 | 상대방이 약속시간에 정확히 나타났을 때

시간 정확히 맞춰 왔네!

(a) You took your time!
(b) You have left on time!
(c) You are right on time!

8 | 안 오는 사람을 애타게 기다릴 때

지금쯤 와야 하는데.

(a) He may arrive any minute.
(b) He must leave by now.
(c) He should be here by now.

9 | 오고 있는 길이라고 할 때

오고 있대.

(a) She's on her way.
(b) She will make it.
(c) She's arriving in ten minutes.

10 | 마침 이야기하고 있던 사람이 나타났을 때

호랑이도 제 말하면 온다더니!

(a) The tiger heard us talking!
(b) The tiger comes without an invitation!
(c) Speak of the devil!

11 | 우리 집에 온 손님을 반갑게 맞이할 때

어서 들어오세요.

(a) Come on in.
(b) Come in on.
(c) Come on over.

12 | 우리 집을 방문한 손님을 배려해줄 때

편하게 계세요.

(a) I'll build a couch for you.
(b) Make a chair for yourself.
(c) Make yourself at home.

13 | 전에 본 적이 있는 것 같을 때

얼굴이 낯이 익어요.

(a) Your face seems familiar.
(b) Your face seems disturbing.
(c) Your face seems confusing.

14 | 실물은 처음이지만 누군지 알아볼 수 있을 때

강 교수님이시죠?

(a) You must know Professor Kang.
(b) You must be Professor Kang.
(c) You remind me of Professor Kang.

15 | 이름을 제대로 못 들었을 때

성함을 미처 못 들었습니다.

(a) I didn't hear you.
(b) I didn't catch your name.
(c) I don't know your identity.

16 | 모임에서 먼저 일어날 때

이제 그만 가봐야 해.

(a) This is the end.
(b) I must be going now.
(c) We must separate.

17 | 손님을 문까지 배웅해줄 때

제가 출구까지 배웅해 드리죠.

(a) I'll walk you out.
(b) I'll walk you over.
(c) I'll walk off with you.

18 | 집주인을 번거롭게 하지 않으려고 할 때

제가 알아서 나갈게요.

(a) I'll let myself out.
(b) I can get through it.
(c) I will exit alone.

19 | 일부러 시간 내준 상대방이 고마울 때

시간 내주셔서 고마워요.

(a) Thank you for your clock.
(b) Thank you for your date.
(c) Thank you for your time.

20 | 자주 보자고 인사차 말할 때

연락하고 지내자.

(a) Let's touch the mail box.
(b) Let's borrow each other.
(c) Let's keep in touch.

정답 1 (b) 2 (a) 3 (a) 4 (c) 5 (a) 6 (b) 7 (c) 8 (c) 9 (a) 10 (c) 11 (a) 12 (c) 13 (a) 14 (b) 15 (b) 16 (b) 17 (a) 18 (a) 19 (c) 20 (c)

1 | 약속 날짜를 잡고 싶을 때
☐ 날짜를 정하자.

2 | 인사차 한번 보자고 할 때
☐ 언제 다 같이 보자.

3 | 상대방 편할 때 연락하라는 말
☐ 언제든지 전화 주세요.

4 | 친구에게 만나자고 제안할 때
☐ 이번 주말에 만나자.

5 | 시간이 되는지 물을 때
☐ 내일 시간 있어?

6 | 약속시간에 늦은 친구를 타박할 때
☐ 왜 늦은 거야?

7 | 상대방이 약속시간에 정확히 나타났을 때
☐ 시간 정확히 맞춰 왔네!

8 | 안 오는 사람을 애타게 기다릴 때
☐ 지금쯤 와야 하는데.

9 | 오고 있는 길이라고 할 때
☐ 오고 있대.

10 | 마침 이야기하고 있던 사람이 나타났을 때
☐ 호랑이도 제 말하면 온다더니!

11 | 우리 집에 온 손님을 반갑게 맞이할 때
☐ 어서 들어오세요.

12 | 우리 집을 방문한 손님을 배려해줄 때
☐ 편하게 계세요.

13 | 전에 본 적이 있는 것 같을 때
☐ 얼굴이 낯이 익어요.

14 | 실물은 처음이지만 누군지 알아볼 수 있을 때
☐ 강 교수님이시죠?

15 | 이름을 제대로 못 들었을 때
☐ 성함을 미처 못 들었습니다.

16 | 모임에서 먼저 일어날 때
☐ 이제 그만 가봐야 해.

17 | 손님을 문까지 배웅해줄 때
☐ 제가 출구까지 배웅해 드리죠.

18 | 집주인을 번거롭게 하지 않으려고 할 때
☐ 제가 알아서 나갈게요.

19 | 일부러 시간 내준 상대방이 고마울 때
☐ 시간 내주셔서 고마워요.

20 | 자주 보자고 인사차 말할 때
☐ 연락하고 지내자.

※ 정답은 〈영어회화 암기장〉 019-020를 확인하세요.

1 | 매우 오랜만에 만나는 지인에게
정말 오랜만이다!

(a) Over time no see!
(b) Long time no see!
(c) Big time no see!

2 | 오랜만에 본 지인의 외모가 그대로일 때
너 하나도 안 변했다.

(a) You haven't changed a bit.
(b) You haven't moved a bit.
(c) You haven't translated a bit.

3 | 아는 사람과 우연히 마주쳤을 때
알렉스와 우연히 마주쳤어.

(a) I ran with Alex.
(b) I ran away from Alex.
(c) I ran into Alex.

4 | 아는 사람을 예기치 못한 장소에서 만났을 때
세상 참 좁구나!

(a) The world is not enough!
(b) The world is a corridor!
(c) It's a small world!

5 | 의외의 장소에서 지인을 만났을 때
여긴 어쩐 일이야?

(a) What brings you here?
(b) What have we here?
(c) Why are you working here?

6 | 전반적으로 어떻게 지내는지 안부가 궁금할 때
어떻게 지내?

(a) How's anything?
(b) How's everything?
(c) How's something?

7 | 몸이 좋지 않았던 사람의 건강이 궁금할 때
건강은 좀 어때?

(a) How's your health?
(b) What is your situation?
(c) Tell me about your body.

8 | 상대방 부모님의 안부를 물을 때
부모님은 안녕하시니?

(a) How are your parents?
(b) Are your parents great?
(c) Will you say hello to your parents?

9 | 대신 안부인사를 부탁할 때
제인에게 안부 전해줘.

(a) Tell Jane my best.
(b) Mail Jane my best.
(c) Give Jane my best.

10 | 잘 버티고 있는지 관심을 보일 때
지낼 만하냐?

(a) Are you up to it?
(b) How are you holding up?
(c) How do you spend your time?

11 | 왠지 끌리는 여자를 두고 말할 때
그녀는 내 타입이야.

(a) She's my type.
(b) I'm typing her.
(c) She types me.

12 | 마음에 드는 여자를 발견했을 때
내가 저 여자 찍었어.

(a) I stamped her mine.
(b) I have my eyes on her.
(c) I have pointed her out.

13 | 마음을 송두리째 빼앗긴 상태일 때
걔한테 홀딱 반했어.

(a) I have a crush on her.
(b) I'm lost inside her.
(c) My head is spinning for her.

14 | 꿈꾸던 사람을 찾았을 때
내 이상형을 만났어.

(a) I met my Mr. Right.
(b) I met my Mr. Love.
(c) I met my Mr. Sunshine.

15 | 서로 편하고 말이 잘 통했을 때
우린 죽이 정말 잘 맞았어.

(a) We really took it off.
(b) We really sent it off.
(c) We really hit it off.

16 | 하늘이 맺어준 인연이라고 할 때
우린 천생연분이야.

(a) We're a match made in love.
(b) We're a match made in the heart.
(c) We're a match made in heaven.

17 | 왜 그에게 끌리는지 궁금할 때
걔 어디가 좋아?

(a) Where is his attractiveness?
(b) What do you see in him?
(c) Why is he a magnet to you?

18 | 모르는 남자가 귀찮게 들러붙을 때
저 남자가 나한테 집적거렸어.

(a) He rubbed me.
(b) He hit on me.
(c) He messed with me.

19 | 감히 내 여자에게 작업을 거는 남자에게
그 여자한테 작업 걸지 마.

(a) Stop flirting with her.
(b) Stop passing the work.
(c) Stop the floppy act.

20 | 상대방이 비싸게 굴 때
튕기지 좀 마.

(a) Don't cross me off.
(b) Don't bounce me off.
(c) Don't play hard to get.

31

정답 1 (b) 2 (a) 3 (c) 4 (c) 5 (a) 6 (b) 7 (a) 8 (a) 9 (c) 10 (b) 11 (a) 12 (b) 13 (a) 14 (a) 15 (c) 16 (c) 17 (b) 18 (b) 19 (a) 20 (c)

1 | 매우 오랜만에 만나는 지인에게
☐ 정말 오랜만이다!

2 | 오랜만에 본 지인의 외모가 그대로일 때
☐ 너 하나도 안 변했다.

3 | 아는 사람과 우연히 마주쳤을 때
☐ 알렉스와 우연히 마주쳤어.

4 | 아는 사람을 예기치 못한 장소에서 만났을 때
☐ 세상 참 좁구나!

5 | 의외의 장소에서 지인을 만났을 때
☐ 여긴 어쩐 일이야?

6 | 전반적으로 어떻게 지내는지 안부가 궁금할 때
☐ 어떻게 지내?

7 | 몸이 좋지 않던 사람의 건강이 궁금할 때
☐ 건강은 좀 어때?

8 | 상대방 부모님의 안부를 물을 때
☐ 부모님은 안녕하시니?

9 | 대신 안부인사를 부탁할 때
☐ 제인에게 안부 전해줘.

10 | 잘 버티고 있는지 관심을 보일 때
☐ 지낼 만하냐?

11 | 왠지 끌리는 여자를 두고 말할 때
☐ 그녀는 내 타입이야.

12 | 마음에 드는 여자를 발견했을 때
☐ 내가 저 여자 찍었어.

13 | 마음을 송두리째 빼앗긴 상태일 때
☐ 걔한테 홀딱 반했어.

14 | 꿈꾸던 사람을 찾았을 때
☐ 내 이상형을 만났어.

15 | 서로 편하고 말이 잘 통했을 때
☐ 우린 죽이 정말 잘 맞았어.

16 | 하늘이 맺어준 인연이라고 할 때
☐ 우린 천생연분이야.

17 | 왜 그에게 끌리는지 궁금할 때
☐ 걔 어디가 좋아?

18 | 모르는 남자가 귀찮게 들러붙을 때
☐ 저 남자가 나한테 집적거렸어.

19 | 감히 내 여자에게 작업을 거는 남자에게
☐ 그 여자한테 작업 걸지 마.

20 | 상대방이 비싸게 굴 때
☐ 튕기지 좀 마.

※ 정답은 〈영어회화 암기장〉 021-022를 확인하세요.

1 | 대놓고 사귀자고 대시할 때

나랑 사귈래?

(a) Why won't you see me?
(b) How about meeting me?
(c) Do you want to go out with me?

2 | 골키퍼 있는지 확인할 때

누구 만나는 사람 있어요?

(a) Are you having something?
(b) Are you meeting a date?
(c) Are you seeing anyone?

3 | 애인이 있다며 데이트 신청을 거절할 때

사귀는 사람이 있어요.

(a) I'm living with someone.
(b) I'm involved with someone.
(c) I'm holding hands with someone.

4 | 소개팅시켜 달라고 조를 때

나 누구 소개 좀 시켜줘.

(a) Give me a fixed date.
(b) Fix me up with someone.
(c) Show me a person.

5 | 못 올라갈 나무는 쳐다보지도 말라고 할 때

그 애는 네 수준 밖이야.

(a) She's above your eyes.
(b) She's outside your level.
(c) She's out of your league.

6 | 남편감으로 아주 좋아 보이는 남자를 두고 말할 때

그는 좋은 신랑감이네.

(a) He's husband material.
(b) He's a minor husband.
(c) He's a fake husband.

7 | 사귀는 연인을 가리킬 때

쟤네 사귀잖아.

(a) They're a package.
(b) They're an item.
(c) They're a bundle.

8 | 연애전선에 아무 문제 없다고 말할 때

우린 잘 사귀고 있어.

(a) We're going steady.
(b) We're an old couple.
(c) We have history together.

9 | 애정표현이 과한 커플을 보고

쟤네 닭살 커플이야.

(a) They're a goose bump couple.
(b) They're a lovey-dovey couple.
(c) They're a couple with benefits.

10 | 용기 내어 결혼하자고 했을 때

프러포즈를 했어.

(a) I proposed my heart.
(b) I gave her a proposal.
(c) I popped the question.

11 | 상대가 데이트 약속에 안 나타났다고 할 때

그 애가 날 바람맞혔어.

(a) She stood me up.
(b) She took me down.
(c) She kicked my watch.

12 | 두 사람을 동시에 사귈 때

제인은 양다리를 걸치고 있어.

(a) Jane's two-legging them.
(b) Jane's two-timing them.
(c) Jane's double-crossing them.

13 | 강도 높은 바람을 피웠을 때

걔가 바람을 피웠어.

(a) He passed by me.
(b) He became a wind.
(c) He cheated on me.

14 | 두 명이 한 명을 두고 대립각을 세울 때

쟤들 삼각관계야.

(a) They're in a love jungle.
(b) They're in a love triangle.
(c) They're in a love pyramid.

15 | 오래된 커플의 위기에 대해 말할 때

나 권태기야.

(a) I'm in the deep end.
(b) I'm in a dire situation.
(c) I have the seven-year itch.

16 | 격하게 이별을 통보할 때

이제 너랑은 끝이야.

(a) I'm through with you.
(b) I'm closing you.
(c) I'm ending you.

17 | 완전히 헤어졌을 때

나 걔랑 깨졌어.

(a) i broke up with her.
(b) I'm broke.
(c) I left her cold.

18 | 한 사람이 일방적으로 관계를 끝냈을 때

걔가 로널드를 찼어.

(a) She kicked Ronald.
(b) She dumped Ronald.
(c) She turned off Ronald.

19 | 더 이상 사랑이 느껴지지 않을 때

우린 사랑이 식었어.

(a) Our heart has crashed.
(b) Our love has died.
(c) Our love is ice.

20 | 이별의 아픔을 모두 극복했을 때

난 그 애를 잊었어.

(a) I'm under her.
(b) I'm without her.
(c) I'm over her.

정답 1 (c) 2 (c) 3 (b) 4 (b) 5 (c) 6 (a) 7 (b) 8 (a) 9 (b) 10 (c) 11 (a) 12 (b) 13 (c) 14 (b) 15 (c) 16 (a) 17 (a) 18 (b) 19 (b) 20 (c)

1 | 대놓고 사귀자고 대시할 때

☐ 나랑 사귈래?

🎤

2 | 골키퍼 있는지 확인할 때

☐ 누구 만나는 사람 있어요?

🎤

3 | 애인이 있다며 데이트 신청을 거절할 때

☐ 사귀는 사람이 있어요.

🎤

4 | 소개팅시켜 달라고 조를 때

☐ 나 누구 소개 좀 시켜줘.

🎤

5 | 못 올라갈 나무는 쳐다보지도 말라고 할 때

☐ 그 애는 네 수준 밖이야.

🎤

6 | 남편감으로 아주 좋아 보이는 남자를 두고 말할 때

☐ 그는 좋은 신랑감이네.

🎤

7 | 사귀는 연인을 가리킬 때

☐ 쟤네 사귀잖아.

🎤

8 | 연애전선에 아무 문제 없다고 말할 때

☐ 우린 잘 사귀고 있어.

🎤

9 | 애정표현이 과한 커플을 보고

☐ 쟤네 닭살 커플이야.

🎤

10 | 용기 내어 결혼하자고 했을 때

☐ 프러포즈를 했어.

🎤

11 | 상대가 데이트 약속에 안 나타났다고 할 때

☐ 그 애가 날 바람맞혔어.

🎤

12 | 두 사람을 동시에 사귈 때

☐ 제인은 양다리를 걸치고 있어.

🎤

13 | 강도 높은 바람을 피웠을 때

☐ 걔가 바람을 피웠어.

🎤

14 | 두 명이 한 명을 두고 대립각을 세울 때

☐ 쟤들 삼각관계야.

🎤

15 | 오래된 커플의 위기에 대해 말할 때

☐ 나 권태기야.

🎤

16 | 격하게 이별을 통보할 때

☐ 이제 너랑은 끝이야.

🎤

17 | 완전히 헤어졌을 때

☐ 나 걔랑 깨졌어.

🎤

18 | 한 사람이 일방적으로 관계를 끝냈을 때

☐ 걔가 로널드를 찼어.

🎤

19 | 더 이상 사랑이 느껴지지 않을 때

☐ 우린 사랑이 식었어.

🎤

20 | 이별의 아픔을 모두 극복했을 때

☐ 난 그 애를 잊었어.

🎤

1 ㅣ 한잔하고 싶을 때

술이 당기네.

(a) I am addicted to alcohol.
(b) I'm pulling in alcohol.
(c) I feel like a drink.

2 ㅣ 술 마시러 가자고 제안할 때

한잔하러 가자.

(a) Let's have one sip.
(b) Let's go for a drink.
(c) Let's go and drink a cup.

3 ㅣ 술값을 내겠다고 할 때

내가 쏠게.

(a) The drinks are on me.
(b) I'm shooting the bullets.
(c) I'm grabbing the bottles.

4 ㅣ 자주 가는 식당이나 술집에 누구를 데리고 갈 때

나 여기 단골이야.

(a) I'm a special guest here.
(b) I'm a barkeeper here.
(c) I'm a regular here.

5 ㅣ 술 마실 때 잔별로 계산하는 외국의 경우에

다음 잔은 내가 살게.

(a) The next cup is with me.
(b) The next round's on me.
(c) The future drinks are for me.

6 ㅣ 술잔을 다 비우자는 건배를 제안할 때

원샷!

(a) Bottoms up!
(b) Shots down!
(c) Cheer up!

7 ㅣ 상대에게 술을 따라 주고 싶을 때

한 잔 따라 드리겠습니다.

(a) Let me give you a glass.
(b) Let me pour you a drink.
(c) Let me follow your drink.

8 ㅣ 특정 술이 몸에 잘 받을 때

난 맥주 체질이야.

(a) Beer agrees with me.
(b) Beer likes me.
(c) I'm a beer bear.

9 ㅣ 체질적으로 술이 안 받을 때

난 술이 약해.

(a) I can't stand alcohol.
(b) I have a weak liver.
(c) I'm a poor drinker.

10 ㅣ 아무리 마셔도 안 취하는 사람을 두고 말할 때

걔 술고래야.

(a) He drinks like a horse.
(b) He drinks like a fish.
(c) He drinks like a whale.

11 ㅣ 취기가 오를 때

알딸딸해.

(a) I feel tipsy.
(b) I am hung up.
(c) The alcohol is slapping me.

12 ㅣ 술 취한 상태로 있으면 안 될 때

술 좀 깨야겠어.

(a) I need to clean up.
(b) I need to sober up.
(c) I need to settle down.

13 ㅣ 과음으로 기억의 일부가 사라졌을 때

필름이 끊겼어.

(a) I cut the film.
(b) I cleaned out.
(c) I blacked out.

14 ㅣ 전날의 과음 때문에 머리가 아플 때

숙취가 있어.

(a) I have a splitting headache.
(b) I have a hangover.
(c) My brain is leaking alcohol.

15 ㅣ 현재 금주 중일 때

나 술 끊었어.

(a) I'm on the stage.
(b) I'm on the moon.
(c) I'm on the wagon.

16 ㅣ 평소 담배를 심하게 많이 피운다고 할 때

나 골초야.

(a) I'm an addict.
(b) I'm a heavy smoker.
(c) I'm a happy smoker.

17 ㅣ 더 이상 담배를 피우지 않는다고 할 때

나 담배 끊었어.

(a) I cut down on my smoking.
(b) I gave in to smoking.
(c) I quit smoking.

18 ㅣ 담배를 끊어서 느끼는 고통을 말할 때

금단현상을 겪고 있어.

(a) I'm going through withdrawal.
(b) I'm going through a tunnel.
(c) I'm going through divorce.

19 ㅣ 담배를 덜 피워야겠다고 할 때

담배를 줄여야겠어.

(a) I have to shrink my cigarettes.
(b) I have to cut down on my smoking.
(c) I must shed the number of cigarettes.

20 ㅣ 전자담배를 제안할 때

전자담배 피우자.

(a) Let's vape.
(b) Let's lick a vapor.
(c) Let's kiss an e-cigarette.

정답   1 (c)   2 (b)   3 (a)   4 (c)   5 (b)   6 (a)   7 (b)   8 (a)   9 (c)   10 (b)   11 (a)   12 (b)   13 (c)   14 (b)   15 (c)   16 (b)   17 (c)   18 (a)   19 (b)   20 (a)

1 | 한잔하고 싶을 때
☐ 술이 당기네.

2 | 술 마시러 가자고 제안할 때
☐ 한잔하러 가자.

3 | 술값을 내겠다고 할 때
☐ 내가 쏠게.

4 | 자주 가는 식당이나 술집에 누구를 데리고 갈 때
☐ 나 여기 단골이야.

5 | 술 마실 때 잔별로 계산하는 외국의 경우에
☐ 다음 잔은 내가 살게.

6 | 술잔을 다 비우자는 건배를 제안할 때
☐ 원샷!

7 | 상대에게 술을 따라 주고 싶을 때
☐ 한 잔 따라 드리겠습니다.

8 | 특정 술이 몸에 잘 받을 때
☐ 난 맥주 체질이야.

9 | 체질적으로 술이 안 받을 때
☐ 난 술이 약해.

10 | 아무리 마셔도 안 취하는 사람을 두고 말할 때
☐ 걔 술고래야.

11 | 취기가 오를 때
☐ 알딸딸해.

12 | 술 취한 상태로 있으면 안 될 때
☐ 술 좀 깨야겠어.

13 | 과음으로 기억의 일부가 사라졌을 때
☐ 필름이 끊겼어.

14 | 전날의 과음 때문에 머리가 아플 때
☐ 숙취가 있어.

15 | 현재 금주 중일 때
☐ 나 술 끊었어.

16 | 평소 담배를 심하게 많이 피운다고 할 때
☐ 나 골초야.

17 | 더 이상 담배를 피우지 않는다고 할 때
☐ 나 담배 끊었어.

18 | 담배를 끊어서 느끼는 고통을 말할 때
☐ 금단현상을 겪고 있어.

19 | 담배를 덜 피워야겠다고 할 때
☐ 담배를 줄여야겠어.

20 | 전자담배를 제안할 때
☐ 전자담배 피우자.

※ 정답은 〈영어회화 암기장〉 025-026를 확인하세요.

1 | 대화 나누기 괜찮은지 확인할 때

지금 시간 괜찮아?

(a) Is the time correct?
(b) How is my timing?
(c) Is now a good time?

2 | 의논할 일이 있을 때

우리 얘기 좀 해.

(a) We need to talk.
(b) You and I should shake hands.
(c) Let's bring together a chair.

3 | 전화·온라인이 아니라 대면하자고 할 때

직접 만나서 얘기하자.

(a) Let's talk eye to eye.
(b) Let's talk face to face.
(c) Let's talk hand in hand.

4 | 마음에 품고 있던 말을 꺼낼 때

너에게 해주고 싶었던 말이 있어.

(a) I've been meaning to tell you.
(b) I have a rumor to tell you.
(c) I've got some gossip to tell you.

5 | 둘이서만 얘기하고 싶을 때

자리 좀 비켜 줄래요?

(a) Could you give us some place?
(b) Could you give us some privacy?
(c) Could you give us some chairs?

6 | 말을 빙빙 돌리지 않고 말하겠다고 할 때

솔직하게 말할게.

(a) I'll be a big mouth to you.
(b) I'll be your honest angel.
(c) I'll be frank with you.

7 | 말을 빙빙 돌리는 상대방을 회유할 때

우리 솔직해지자.

(a) Let's wash up.
(b) Let's get white.
(c) Let's come clean.

8 | 듣기 좋으라고 꾸며서 말하는 사람에게

사탕발림하지 마.

(a) Don't speak with sweets in your mouth.
(b) Don't sugar coat it.
(c) Stop feeding me candy.

9 | 들떠 있는 사람에게 나쁜 소식을 전할 때

초쳐서 미안해.

(a) Sorry to rain on your parade.
(b) Sorry to snow on your parade.
(c) Sorry to blow wind on your parade.

10 | 얄밉게 모른 척하는 사람에게

알면서 모른 척하지 마.

(a) Don't you see the truth?
(b) Don't turn a blind eye.
(c) Don't have the knowledge.

11 | 방금 들은 말에 믿음이 안 갈 때

못 믿겠어.

(a) I can't take it.
(b) I don't buy it.
(c) I won't swallow it.

12 | 다른 속셈이 있는 것 같을 때

무슨 꿍꿍이야?

(a) What's up your sleeve?
(b) What's in your brain?
(c) What's your calculation?

13 | 믿기지 않아 다시 확인할 때

농담이지?

(a) Tell me a joke!
(b) Is it a white lie?
(c) You can't be serious!

14 | 나는 믿을 만한 사람이라고 말할 때

날 믿어도 돼.

(a) You can grab on to me.
(b) You can count on me.
(c) You can blame me.

15 | 내뱉은 말을 꼭 지킨다고 할 때

약속해.

(a) I give you my word.
(b) I have faith in myself.
(c) I trust you with my promise.

16 | 네가 하는 말을 의심하지 않겠다고 할 때

네 말을 믿을 게.

(a) I'll take your advice.
(b) I'll take your word for it.
(c) I'll trust your instinct.

17 | 거짓말이라고 의심받을 때

지어내는 말이 아니야.

(a) I'm not making it up.
(b) I'm not making it out.
(c) I'm not making it on.

18 | 숨겨진 다른 의도는 없다며 안심시킬 때

다른 뜻은 없어.

(a) There are no tails attached.
(b) There are no leaves attached.
(c) There are no strings attached.

19 | 상대가 묻지 않았지만 알려주고 싶을 때

그냥 알고 있으라고.

(a) For your eyes only.
(b) Just to let you know.
(c) You just hang on to it.

20 | 너야말로 알고 있어야 마땅하다고 할 때

넌 알 자격이 있어.

(a) You deserve to know.
(b) You know what I mean.
(c) You know it as well as I do.

정답 1 (c) 2 (a) 3 (b) 4 (a) 5 (b) 6 (c) 7 (c) 8 (b) 9 (a) 10 (b) 11 (b) 12 (a) 13 (c) 14 (b) 15 (a) 16 (b) 17 (a) 18 (c) 19 (b) 20 (a)

1 ┃ 대화 나누기 괜찮은지 확인할 때

☐ 지금 시간 괜찮아?

2 ┃ 의논할 일이 있을 때

☐ 우리 얘기 좀 해.

3 ┃ 전화·온라인이 아니라 대면하자고 할 때

☐ 직접 만나서 얘기하자.

4 ┃ 마음에 품고 있던 말을 꺼낼 때

☐ 너에게 해주고 싶었던 말이 있어.

5 ┃ 둘이서만 얘기하고 싶을 때

☐ 자리 좀 비켜 줄래요?

6 ┃ 말을 빙빙 돌리지 않고 말하겠다고 할 때

☐ 솔직하게 말할게.

7 ┃ 말을 빙빙 돌리는 상대방을 회유할 때

☐ 우리 솔직해지자.

8 ┃ 듣기 좋으라고 꾸며서 말하는 사람에게

☐ 사탕발림하지 마.

9 ┃ 들떠 있는 사람에게 나쁜 소식을 전할 때

☐ 초쳐서 미안해.

10 ┃ 얄밉게 모른 척하는 사람에게

☐ 알면서 모른 척하지 마.

11 ┃ 방금 들은 말에 믿음이 안 갈 때

☐ 못 믿겠어.

12 ┃ 다른 속셈이 있는 것 같을 때

☐ 무슨 꿍꿍이야?

13 ┃ 믿기지 않아 다시 확인할 때

☐ 농담이지?

14 ┃ 나는 믿을 만한 사람이라고 말할 때

☐ 날 믿어도 돼.

15 ┃ 내뱉은 말을 꼭 지킨다고 할 때

☐ 약속해.

16 ┃ 네가 하는 말을 의심하지 않겠다고 할 때

☐ 네 말을 믿을 게.

17 ┃ 거짓말이라고 의심받을 때

☐ 지어내는 말이 아니야.

18 ┃ 숨겨진 다른 의도는 없다며 안심시킬 때

☐ 다른 뜻은 없어.

19 ┃ 상대가 묻지 않았지만 알려주고 싶을 때

☐ 그냥 알고 있으라고.

20 ┃ 너야말로 알고 있어야 마땅하다고 할 때

☐ 넌 알 자격이 있어.

※ 정답은 〈영어회화 암기장〉 027-028를 확인하세요.

1 | 내 처지를 하소연하고 싶을 때

내 얘기 좀 들어봐.

(a) Hear me in.
(b) Hear me out.
(c) Hear me under.

2 | 상대의 이야기를 들을 준비가 됐을 때

듣고 있으니 말해봐.

(a) I'm totally yours.
(b) I'm all ears.
(c) I've opened my ears.

3 | 상대의 말을 못 알아들었을 때

뭐라고?

(a) Do again?
(b) Go again?
(c) Come again?

4 | 상대의 말을 못 알아들었을 때

다시 한 번 말씀해 주실래요?

(a) I beg your pardon?
(b) I take your pardon?
(c) I touch your pardon?

5 | 유난히 소리를 잘 듣는 사람에게

너 귀가 밝구나.

(a) You have good hearing.
(b) You have big hearing.
(c) You have tough hearing.

6 | 쉽다는 것을 강조할 때

식은 죽 먹기야.

(a) It's a piece of cake.
(b) It's a slice of pie.
(c) It's a cat in the bag.

7 | 오래 끌지 않겠다고 안심시킬 때

금방 끝나.

(a) I won't last.
(b) I'll be brief.
(c) I'll stretch it a little.

8 | 뜻을 분명히 전달하려고 바꿔 말할 때

다시 설명할게.

(a) Let me repeat the sentence.
(b) Let me rephrase that.
(c) Let me resume.

9 | 적당한 표현을 생각하며 뜸 들일 때

어떻게 말하면 좋을까?

(a) How should I cook it?
(b) How should I make it?
(c) How should I put it?

10 | 구체적으로 추가설명 해줄 때

좀 더 자세히 말해줄게.

(a) I'll elaborate.
(b) I'll talk louder.
(c) I'll explan it better.

11 | 갑자기 이해됐을 때

알겠다!

(a) I make it!
(b) I knew it!
(c) I get it!

12 | 반대·비판하는 상대의 의견을 받아들일 때

무슨 말인지 알겠어.

(a) Point taken.
(b) Words received.
(c) It's an honor.

13 | 퍼즐이 맞춰지듯 머릿속이 정리될 때

이제야 확실히 알겠어.

(a) It's crystal clear now.
(b) It's sunshine now.
(c) I definitely feel it now.

14 | 누구나 이해할 수 있는 수준일 때

그리 어렵지 않아.

(a) It's not rocket science.
(b) It's not market science.
(c) It's not computer science.

15 | 나의 사정을 헤아려줄 거라는 믿음을 표현할 때

네가 이해해 주리라 믿어.

(a) I believe you'll beg.
(b) I'm sure you'll understand.
(c) I hope you can withstand it.

16 | 상대방 말을 계속 듣다 보니 이해가 안 될 때

무슨 말인지 이해가 안 돼.

(a) I don't follow you.
(b) I don't know you.
(c) I don't misunderstand.

17 | 단 하나의 실마리도 없을 때

전혀 짐작이 안 가.

(a) I haven't got a coin.
(b) I haven't got a clue.
(c) I haven't got a nose.

18 | 도무지 상대를 이해할 수 없을 때

도대체 너란 사람을 모르겠어.

(a) I don't see you.
(b) I don't call you.
(c) I don't get you.

19 | 도대체 뭐가 뭔지 이해가 안 될 때

갈피를 못 잡겠어.

(a) I can't make heads or tails of it.
(b) I can't see the main head.
(c) I have trouble tailing it.

20 | 서로 입장이 달라서 대립할 때

내가 네 입장은 아니잖아.

(a) I'm not your brain.
(b) I'm not in your shoes.
(c) Your situation belongs to you.

정답 1 (b) 2 (b) 3 (c) 4 (a) 5 (a) 6 (a) 7 (b) 8 (b) 9 (c) 10 (a) 11 (c) 12 (a) 13 (a) 14 (a) 15 (b) 16 (a) 17 (b) 18 (c) 19 (a) 20 (b)

1 | 내 처지를 하소연하고 싶을 때

☐ 내 얘기 좀 들어봐.

2 | 상대의 이야기를 들을 준비가 됐을 때

☐ 듣고 있으니 말해봐.

3 | 상대의 말을 못 알아들었을 때

☐ 뭐라고?

4 | 상대의 말을 못 알아들었을 때

☐ 다시 한 번 말씀해 주실래요?

5 | 유난히 소리를 잘 듣는 사람에게

☐ 너 귀가 밝구나.

6 | 쉽다는 것을 강조할 때

☐ 식은 죽 먹기야.

7 | 오래 끌지 않겠다고 안심시킬 때

☐ 금방 끝나.

8 | 뜻을 분명히 전달하려고 바꿔 말할 때

☐ 다시 설명할게.

9 | 적당한 표현을 생각하며 뜸 들일 때

☐ 어떻게 말하면 좋을까?

10 | 구체적으로 추가설명 해줄 때

☐ 좀 더 자세히 말해줄게.

11 | 갑자기 이해됐을 때

☐ 알겠다!

12 | 반대·비판하는 상대의 의견을 받아들일 때

☐ 무슨 말인지 알겠어.

13 | 퍼즐이 맞춰지듯 머릿속이 정리될 때

☐ 이제야 확실히 알겠어.

14 | 누구나 이해할 수 있는 수준일 때

☐ 그리 어렵지 않아.

15 | 나의 사정을 헤아려줄 거라는 믿음을 표현할 때

☐ 네가 이해해 주리라 믿어.

16 | 상대방 말을 계속 듣다 보니 이해가 안 될 때

☐ 무슨 말인지 이해가 안 돼.

17 | 단 하나의 실마리도 없을 때

☐ 전혀 짐작이 안 가.

18 | 도무지 상대를 이해할 수 없을 때

☐ 도대체 너란 사람을 모르겠어.

19 | 도대체 뭐가 뭔지 이해가 안 될 때

☐ 갈피를 못 잡겠어.

20 | 서로 입장이 달라서 대립할 때

☐ 내가 네 입장은 아니잖아.

※ 정답은 〈영어회화 암기장〉 029-030를 확인하세요.

1 | 논리와 상관없이 느낌으로 판단할 때
그냥 직감이야.

(a) It's just a punch.
(b) It's just a crunch.
(c) It's just a hunch.

2 | 다 말해주지 않아도 상황 파악이 될 때
무슨 말인지 알겠다.

(a) I get the picture.
(b) I get the saying.
(c) I get the vocabulary.

3 | 말하지 않았는데도 상대가 내 뜻을 알아챘을 때
내 마음을 읽었네.

(a) You opened my thoughts.
(b) I'm a book to you.
(c) You read my mind.

4 | 시행착오 끝에 방법에 익숙해졌을 때
감 잡았어.

(a) I have the draft.
(b) I get the hang of it.
(c) I know the passage.

5 | 눈치껏 말뜻을 알아들었을 때
눈치챘어.

(a) I can take a hint.
(b) I'm not senseless.
(c) I also have a third eye.

6 | 미심쩍은 느낌이 들 때
뭔가 수상해.

(a) Something's crunchy.
(b) Something's fishy.
(c) Something's mushy.

7 | 머리를 가우뚱거리며
좀 이상하게 느껴져.

(a) It strikes me as odd.
(b) It feels knitted.
(c) I felt a little chill.

8 | 뭔가 안 좋은 예감이 들 때
불길한 예감이 들어.

(a) I have a bad feeling about this.
(b) I'm getting a black sense.
(c) I'm feeling some dark light.

9 | 예상했었다고 냉소적으로 말할 때
그럴 줄 알았어.

(a) I knew the address.
(b) I expected more.
(c) I figured as much.

10 | 예상과 다른 결과가 나타났을 때
내 예상이 빗나갔어.

(a) I was way off the pole.
(b) I was way off the dot.
(c) I was way off the mark.

11 | 멋진 제안에 흔쾌히 찬성할 때
그거 좋은 생각인데.

(a) Feels like a plan.
(b) Smells like a plan.
(c) Sounds like a plan.

12 | 상대방 말이 논리적이고 설득력 있을 때
그거 말 되네.

(a) That's a word.
(b) That's an answer.
(c) That makes sense.

13 | 상대방 주장에 부분적으로 찬성할 때
어느 정도는.

(a) On the way.
(b) In a way.
(c) By the way.

14 | 상대방 말이 얼추 맞는 것 같을 때
그렇다고 볼 수 있지.

(a) That's more like it.
(b) You could say that.
(c) It may look similar.

15 | 상대방 주장에 즉각 동의할 때
나도 동의해.

(a) I'll push that.
(b) I'll second that.
(c) I'll stamp that.

16 | 상대방 주장에 전적으로 동의할 때
내 말이 그 말이라니까.

(a) That's what I mean.
(b) I know the same meaning.
(c) I'm also telling the truth.

17 | 너무나 당연한 얘기를 듣고
두말하면 잔소리지.

(a) A second word is a waste.
(b) Don't waste any words.
(c) You can say that again.

18 | 상대의 말뜻을 이해한다고 맞장구 칠 때
무슨 말인지 알아.

(a) I know what you are.
(b) I know what you mean.
(c) I know what you give.

19 | 같은 생각이라며 동감을 표할 때
나도 그래.

(a) That makes two of us.
(b) That makes two in us.
(c) That makes two with us.

20 | 특정 부분에 대해서 의견이 다를 때
그 점은 동의할 수 없어.

(a) I'm all by myself.
(b) I can't pick a side.
(c) I'm not with you on that.

정답 1 (c) 2 (a) 3 (c) 4 (b) 5 (a) 6 (b) 7 (a) 8 (a) 9 (c) 10 (c) 11 (c) 12 (c) 13 (b) 14 (b) 15 (b) 16 (a) 17 (c) 18 (b) 19 (a) 20 (c)

1 | 논리와 상관없이 느낌으로 판단할 때

☐ 그냥 직감이야.

🎤

2 | 다 말해주지 않아도 상황 파악이 될 때

☐ 무슨 말인지 알겠다.

🎤

3 | 말하지 않았는데도 상대가 내 뜻을 알아챘을 때

☐ 내 마음을 읽었네.

🎤

4 | 시행착오 끝에 방법에 익숙해졌을 때

☐ 감 잡았어.

🎤

5 | 눈치껏 말뜻을 알아들었을 때

☐ 눈치챘어.

🎤

6 | 미심쩍은 느낌이 들 때

☐ 뭔가 수상해.

🎤

7 | 머리를 갸우뚱거리며

☐ 좀 이상하게 느껴져.

🎤

8 | 뭔가 안 좋은 예감이 들 때

☐ 불길한 예감이 들어.

🎤

9 | 예상했었다고 냉소적으로 말할 때

☐ 그럴 줄 알았어.

🎤

10 | 예상과 다른 결과가 나타났을 때

☐ 내 예상이 빗나갔어.

🎤

11 | 멋진 제안에 흔쾌히 찬성할 때

☐ 그거 좋은 생각인데.

🎤

12 | 상대방 말이 논리적이고 설득력 있을 때

☐ 그거 말 되네.

🎤

13 | 상대방 주장에 부분적으로 찬성할 때

☐ 어느 정도는.

🎤

14 | 상대방 말이 얼추 맞는 것 같을 때

☐ 그렇다고 볼 수 있지.

🎤

15 | 상대방 주장에 즉각 동의할 때

☐ 나도 동의해.

🎤

16 | 상대방 주장에 전적으로 동의할 때

☐ 내 말이 그 말이라니까.

🎤

17 | 너무나 당연한 얘기를 듣고

☐ 두말하면 잔소리지.

🎤

18 | 상대의 말뜻을 이해한다고 맞장구 칠 때

☐ 무슨 말인지 알아.

🎤

19 | 같은 생각이라며 동감을 표할 때

☐ 나도 그래.

🎤

20 | 특정 부분에 대해서 의견이 다를 때

☐ 그 점은 동의할 수 없어.

🎤

※ 정답은 〈영어회화 암기장〉 031-032를 확인하세요.

1 | 같이 하자는 제안에 찬성할 때

나도 할래.

(a) I'm game.
(b) It's my turn.
(c) I want to be inside.

2 | 나는 하기 싫으니 빠지겠다고 할 때

난 빼줘.

(a) Count me out.
(b) I'm a minus to you.
(c) Take me out for a spin.

3 | 같이 하겠냐고 의중을 물어볼 때

너도 낄래?

(a) Are you up?
(b) Are you stuck?
(c) Are you in?

4 | 다른 사람을 따라가고 싶을 때

나도 따라가도 돼?

(a) Can I tag along?
(b) Can I take along?
(c) Can I take a walk?

5 | 할 마음이 있는지 확인할 때

각오는 되어 있어?

(a) How's your sword?
(b) Are you up to it?
(c) Is your lion's heart ready?

6 | 마음의 준비를 할 시간이 필요할 때

마음의 준비가 안 됐어.

(a) I'm not ready to fix my heart.
(b) My mind is not finished.
(c) I'm not up to it.

7 | 조건을 들어보니 해당사항이 없을 때

그럼 나는 해당이 안 되네.

(a) That rolls me over.
(b) That rules me out.
(c) That makes me tick.

8 | 남의 일에 간섭하면서 양해를 구할 때

내가 끼어들 일이 아닌 거 알아.

(a) I know I'm sticking my head in.
(b) I know my nose is too long.
(c) I know it's not my place.

9 | 지금 어렵다며 다음을 기약할 때

다음에 하자.

(a) I'll take a rain check.
(b) I'll take a raincoat.
(c) I'll take a rain shower.

10 | 결과를 예측하며 내기를 제안할 때

내기할래?

(a) You wanna bet?
(b) You wanna gamble?
(c) You wanna roll the dice?

11 | 제안을 부드럽게 거절할 때

난 됐어.

(a) I'm denied.
(b) I'm good.
(c) I'm ashamed.

12 | 마음이 안 내킬 때

안 했으면 해.

(a) I'm not on it.
(b) I wish I hadn't.
(c) I'd rather not.

13 | 정중히 거절할 때

미안하지만 안 되겠어.

(a) I'm afraid not.
(b) I'm not afraid.
(c) I'm sorry about it.

14 | 곰곰이 생각한 후 거절했을 때

거절했어.

(a) I turned it up.
(b) I turned it over.
(c) I turned it down.

15 | 시간을 두고 생각해 보겠다고 할 때

좀 더 생각해볼게.

(a) I'll think less of it.
(b) Time is running out.
(c) Let me sleep on it.

16 | 계속 시도해도 안 될 때

소용없어.

(a) It's no use.
(b) It's a pain.
(c) It's not useful.

17 | 상대의 일방적인 결정에 포기하는 심정으로

너 좋을 대로 해.

(a) Free yourself.
(b) Suit yourself.
(c) Mark yourself.

18 | 아무리 해도 바뀌지 않을 때

그래 봤자야.

(a) It makes no difference.
(b) It takes forever.
(c) That will never do.

19 | 의견이 달라 갈등을 빚다가 체념할 때

네 마음대로 해.

(a) Give it a go.
(b) Have it your way.
(c) Dream on.

20 | 아무리 노력해도 상황을 바꿀 수 없을 때

운명을 받아들여.

(a) Accept your offer.
(b) Accept your fate.
(c) Accept your analysis.

정답 1 (a) 2 (a) 3 (c) 4 (a) 5 (b) 6 (c) 7 (b) 8 (c) 9 (a) 10 (a) 11 (b) 12 (c) 13 (a) 14 (c) 15 (c) 16 (a) 17 (b) 18 (a) 19 (b) 20 (b)

1 | 같이 하자는 제안에 찬성할 때

☐ 나도 할래.

2 | 나는 하기 싫으니 빠지겠다고 할 때

☐ 난 빼줘.

3 | 같이 하겠냐고 의중을 물어볼 때

☐ 너도 낄래?

4 | 다른 사람을 따라가고 싶을 때

☐ 나도 따라가도 돼?

5 | 할 마음이 있는지 확인할 때

☐ 각오는 되어 있어?

6 | 마음의 준비를 할 시간이 필요할 때

☐ 마음의 준비가 안 됐어.

7 | 조건을 들어보니 해당사항이 없을 때

☐ 그럼 나는 해당이 안 되네.

8 | 남의 일에 간섭하면서 양해를 구할 때

☐ 내가 끼어들 일이 아닌 거 알아.

9 | 지금 어렵다며 다음을 기약할 때

☐ 다음에 하자.

10 | 결과를 예측하며 내기를 제안할 때

☐ 내기할래?

11 | 제안을 부드럽게 거절할 때

☐ 난 됐어.

12 | 마음이 안 내킬 때

☐ 안 했으면 해.

13 | 정중히 거절할 때

☐ 미안하지만 안 되겠어.

14 | 곰곰이 생각한 후 거절했을 때

☐ 거절했어.

15 | 시간을 두고 생각해 보겠다고 할 때

☐ 좀 더 생각해볼게.

16 | 계속 시도해도 안 될 때

☐ 소용없어.

17 | 상대의 일방적인 결정에 포기하는 심정으로

☐ 너 좋을 대로 해.

18 | 아무리 해도 바뀌지 않을 때

☐ 그래 봤자야.

19 | 의견이 달라 갈등을 빚다가 체념할 때

☐ 네 마음대로 해.

20 | 아무리 노력해도 상황을 바꿀 수 없을 때

☐ 운명을 받아들여.

※ 정답은 〈영어회화 암기장〉 033-034를 확인하세요.

1 | 계획대로 잘되고 있는지 물을 때

잘되고 있어?

(a) Anything new?
(b) How's it coming along?
(c) Is it a hit?

2 | 완벽하지는 않지만 그만해도 된다는 뜻을 전할 때

그 정도면 됐어.

(a) That's close enough.
(b) I give you a pass.
(c) That's a B+.

3 | 의심할 거 없이 확실할 때

의심의 여지가 없어.

(a) No doubt about it.
(b) No debt about it.
(c) No evidence about it.

4 | 겉모습으로 판단할 때

보아하니 그러네.

(a) I can see it from here.
(b) That's beside the point.
(c) By the looks of it.

5 | 누가 봐도 분명하고 확실할 때

뻔하네.

(a) It's white and plain.
(b) It's in front of you.
(c) It's obvious.

6 | 어떤 상황인지 뚜렷할 때

그건 명백해.

(a) It's clear-cut.
(b) It's crystal white.
(c) It's transparent.

7 | 정확한 정보를 모를 때

대략적으로.

(a) Hold or give.
(b) Give or take.
(c) Buy or sell.

8 | 너무 많은 걸 알려고 하지 말라고 할 때

모르는 게 약이야.

(a) Ignorance is sweetness.
(b) Ignorance is bliss.
(c) Blankness is medicine.

9 | 나도 몰랐다며 책임을 회피할 때

내가 어떻게 알았겠어?

(a) How was I promised to know?
(b) How was I destined to know?
(c) How was I supposed to know?

10 | 확실히 하기 위해 또 다른 의견도 들어보고 싶을 때

또 다른 의견을 받고 싶어.

(a) I'd like a first opinion.
(b) I'd like a second opinion.
(c) I'd like a third opinion.

11 | 단지 호기심으로 질문할 때

그냥 궁금해서.

(a) It's a curious question.
(b) I'm usually curious.
(c) Just out of curiosity.

12 | 예상했던 대로 일이 펼쳐졌을 때

생각했던 대로군.

(a) Just as I thought.
(b) It's a jackpot.
(c) I have my wits.

13 | 뭔가가 불현듯 떠올랐을 때

갑자기 생각났어.

(a) It just stuck to my mind.
(b) It just ran to my mind.
(c) It just sprang to mind.

14 | 알긴 아는데 기억이 날 듯 말 듯할 때

입 안에서 뱅뱅 돌아.

(a) It's on the tip of my tongue.
(b) It's almost out of my lips.
(c) It's stuck in my skull.

15 | 성급한 결정을 후회할 때

충분히 생각을 안 했어.

(a) I didn't think it together.
(b) I didn't think it through.
(c) I didn't think it off.

16 | 잊었던 게 가까스로 생각났을 때

깜빡할 뻔했네.

(a) I nearly passed out.
(b) I almost forgot.
(c) I almost snapped it.

17 | 상대방의 뛰어난 기억력을 칭찬할 때

너 기억력이 좋구나.

(a) You have a good memory.
(b) You have great memories.
(c) You have a thick head.

18 | 어떤 자극에 의해 잊고 있던 뭔가가 기억났을 때

그러고 보니 생각났다.

(a) That pulls me.
(b) That reminds me.
(c) That stares me.

19 | 기억하려고 해도 생각이 안 날 때

기억이 안 나.

(a) I don't recall.
(b) I can't memorize it.
(c) My brain is small.

20 | 깜빡 잊는 증상이 자주 나타날 때

난 건망증이 심해.

(a) I'm so forgetful.
(b) I don't think a lot.
(c) I have a crow's brain.

정답 1 (b) 2 (a) 3 (a) 4 (c) 5 (c) 6 (a) 7 (b) 8 (b) 9 (c) 10 (b) 11 (c) 12 (a) 13 (c) 14 (a) 15 (b) 16 (b) 17 (a) 18 (b) 19 (a) 20 (a)

1 | 계획대로 잘되고 있는지 물을 때

☐ 잘되고 있어?

11 | 단지 호기심으로 질문할 때

☐ 그냥 궁금해서.

2 | 완벽하지는 않지만 그만해도 된다는 뜻을 전할 때

☐ 그 정도면 됐어.

12 | 예상했던 대로 일이 펼쳐졌을 때

☐ 생각했던 대로군.

3 | 의심할 거 없이 확실할 때

☐ 의심의 여지가 없어.

13 | 뭔가가 불현듯 떠올랐을 때

☐ 갑자기 생각났어.

4 | 겉모습으로 판단할 때

☐ 보아하니 그러네.

14 | 알긴 아는데 기억이 날 듯 말 듯할 때

☐ 입 안에서 뱅뱅 돌아.

5 | 누가 봐도 분명하고 확실할 때

☐ 뻔하네.

15 | 성급한 결정을 후회할 때

☐ 충분히 생각을 안 했어.

6 | 어떤 상황인지 뚜렷할 때

☐ 그건 명백해.

16 | 잊었던 게 가까스로 생각났을 때

☐ 깜빡할 뻔했네.

7 | 정확한 정보를 모를 때

☐ 대략적으로.

17 | 상대방의 뛰어난 기억력을 칭찬할 때

☐ 너 기억력이 좋구나.

8 | 너무 많은 걸 알려고 하지 말라고 할 때

☐ 모르는 게 약이야.

18 | 어떤 자극에 의해 잊고 있던 뭔가가 기억났을 때

☐ 그러고 보니 생각났다.

9 | 나도 몰랐다며 책임을 회피할 때

☐ 내가 어떻게 알았겠어?

19 | 기억하려고 해도 생각이 안 날 때

☐ 기억이 안 나.

10 | 확실히 하기 위해 또 다른 의견도 들어보고 싶을 때

☐ 또 다른 의견을 받고 싶어.

20 | 깜빡 잊는 증상이 자주 나타날 때

☐ 난 건망증이 심해.

※ 정답은 〈영어회화 암기장〉 035-036를 확인하세요.

1 | 숨기고 싶은 게 드러나는지 걱정될 때
티 나니?

(a) Does it blink?
(b) Does it glow?
(c) Does it show?

2 | 나만 그렇게 생각하거나 느끼는 건지 의문이 들 때
나만 그런가?

(a) I'm the one?
(b) It has to be me?
(c) Is it just me?

3 | 상대방 생각이 궁금할 때
생각해 둔 게 있어?

(a) What were you thinking?
(b) What do you have in mind?
(c) What is it that you want?

4 | 특이한 사항을 발견했는지 물을 때
뭔가 특이한 점이 있어?

(a) Anything out in the open?
(b) Anything spectacular?
(c) Anything out of the ordinary?

5 | 주어진 상황을 어떻게 해석하는지 물을 때
이 상황을 어떻게 보니?

(a) What do you make of it?
(b) What's it to you?
(c) What's it like?

6 | 겉도는 이야기만 할 때
요점을 말해.

(a) Get to the basement.
(b) Get to the point.
(c) Get to the flag.

7 | 상대가 말귀를 못 알아먹을 때
그게 핵심이 아니라니깐!

(a) You missed the spot!
(b) That's not the main branch!
(c) That's not the point!

8 | 빚진 것을 이걸로 청산하자고 할 때
이걸로 퉁치자.

(a) Let's go separately.
(b) Let's call it off.
(c) Let's call it even.

9 | 강력하고 배짱 있게 압박할 때
싫으면 관둬.

(a) Take it or leave it.
(b) You leave now, or else.
(c) Go outside or stay inside.

10 | 실익이 있는지 따져볼 때
나한테는 뭐가 떨어지는데?

(a) What's falling down on me?
(b) What's in it for me?
(c) What's my role?

11 | 둘 중 하나를 어서 고르라고 압박할 때
뭘 택할래?

(a) What's it gonna be?
(b) What will it take?
(c) How's it going to end?

12 | 상대방의 선택을 따르겠다고 할 때
그건 너한테 달렸어.

(a) It's up on you.
(b) It's up with you.
(c) It's up to you.

13 | 탐나는 물건·사람이 있을 때
내가 찜했어.

(a) I've got mine.
(b) I've got dibs.
(c) I've got ribs.

14 | 상대방 때문에 어쩔 수 없을 때
선택의 여지가 없군.

(a) You leave me no choice.
(b) You have no option.
(c) I haven't made up my mind.

15 | 선택권을 상대방에게 넘길 때
그건 네가 알아서 해.

(a) I'll leave it to you.
(b) I'll give it to you.
(c) I'll make it to you.

16 | 고를 수 있는 여지가 별로 없을 때
선택의 폭이 좁아.

(a) There aren't many open windows.
(b) There aren't many options.
(c) There are many green lights.

17 | 고심 끝에 결정을 내렸을 때
결심했어.

(a) I've boiled up my mind.
(b) I've stacked up my mind.
(c) I've made up my mind.

18 | 결정을 번복하고 싶을 때
마음이 흔들리고 있어.

(a) I'm having twin thoughts.
(b) I'm having second thoughts.
(c) I'm having double thoughts.

19 | 이미 내린 결정에 미련을 보일 때
미련을 갖지 마.

(a) Stop second-guessing yourself.
(b) Don't leave any traces.
(c) Don't take any reminders.

20 | 깔끔한 마무리를 원할 때
매듭을 지어야겠어.

(a) I want to unrope it.
(b) I want to tie it up.
(c) I need closure.

정답 1 (c) 2 (c) 3 (b) 4 (c) 5 (a) 6 (b) 7 (c) 8 (c) 9 (a) 10 (b) 11 (a) 12 (c) 13 (b) 14 (a) 15 (a) 16 (b) 17 (c) 18 (b) 19 (a) 20 (c)

1 | 숨기고 싶은 게 드러나는지 걱정될 때

☐ 티 나니?

2 | 나만 그렇게 생각하거나 느끼는 건지 의문이 들 때

☐ 나만 그런가?

3 | 상대방 생각이 궁금할 때

☐ 생각해 둔 게 있어?

4 | 특이한 사항을 발견했는지 물을 때

☐ 뭔가 특이한 점이 있어?

5 | 주어진 상황을 어떻게 해석하는지 물을 때

☐ 이 상황을 어떻게 보니?

6 | 겉도는 이야기만 할 때

☐ 요점을 말해.

7 | 상대가 말귀를 못 알아먹을 때

☐ 그게 핵심이 아니라니깐!

8 | 빚진 것을 이걸로 청산하자고 할 때

☐ 이걸로 퉁치자.

9 | 강력하고 배짱 있게 압박할 때

☐ 싫으면 관둬.

10 | 실익이 있는지 따져볼 때

☐ 나한테는 뭐가 떨어지는데?

11 | 둘 중 하나를 어서 고르라고 압박할 때

☐ 뭘 택할래?

12 | 상대방의 선택을 따르겠다고 할 때

☐ 그건 너한테 달렸어.

13 | 탐나는 물건·사람이 있을 때

☐ 내가 찜했어.

14 | 상대방 때문에 어쩔 수 없을 때

☐ 선택의 여지가 없군.

15 | 선택권을 상대방에게 넘길 때

☐ 그건 네가 알아서 해.

16 | 고를 수 있는 여지가 별로 없을 때

☐ 선택의 폭이 좁아.

17 | 고심 끝에 결정을 내렸을 때

☐ 결심했어.

18 | 결정을 번복하고 싶을 때

☐ 마음이 흔들리고 있어.

19 | 이미 내린 결정에 미련을 보일 때

☐ 미련을 갖지 마.

20 | 깔끔한 마무리를 원할 때

☐ 매듭을 지어야겠어.

※ 정답은 〈영어회화 암기장〉 037-038를 확인하세요.

1 ㅣ 혹시 문제가 있는지 확인할 때

괜찮은 거야?

(a) Is everything all straight?
(b) Is everything all right?
(c) Is everything all ready?

2 ㅣ 나 모르게 뭔가 진행되고 있는 것 같을 때

무슨 일이야?

(a) What's moving on?
(b) What's going on?
(c) What's passing by?

3 ㅣ 친구가 평소와 달리 이상할 때

너 왜 이래?

(a) What's the matter with you?
(b) What are you up to?
(c) What are you doing?

4 ㅣ 근심이 있어 보이는 친구에게

무슨 걱정 있어?

(a) What's hitting you?
(b) What's nibbling you?
(c) What's bugging you?

5 ㅣ 문제나 걱정이 있어 보일 때

무슨 문제라도 있어?

(a) What seems to be the problem?
(b) What seems to be the solution?
(c) What seems to be the question?

6 ㅣ 갑자기 일이 생겨 자리를 뜰 때

일이 좀 생겼어.

(a) Something went up.
(b) Something blew up.
(c) Something came up.

7 ㅣ 곤란한 상황에 처했을 때

내 상황이 좀 난처해.

(a) I've stepped on a bug.
(b) I'm around the corner.
(c) I'm in a tight spot.

8 ㅣ 상황이 통제불능 상태가 됐을 때

상황이 걷잡을 수 없게 됐어.

(a) The situation was over.
(b) The bomb went off.
(c) It got out of hand.

9 ㅣ 숨겨두었던 비밀이 드러났을 때

비밀이 탄로 났어.

(a) The cow has left the farm.
(b) The cat's out of the bag.
(c) The lamb jumped the fence.

10 ㅣ 감추고 싶었던 사생활이 노출됐을 때

누가 소문을 낸 거야?

(a) Who opened the bottle?
(b) Who heard the grapevine?
(c) Who spilled the beans?

11 ㅣ 긴박함을 알리고 도움을 요청할 때

급한 일이야.

(a) It's urgent.
(b) It's edible.
(c) It's tangible.

12 ㅣ 시간만 지나면 해결될 문제일 때

시간문제야.

(a) It's about time.
(b) It's time well spent.
(c) It's a matter of time.

13 ㅣ 크게 걱정할 상황은 아닐 때

별거 아니야.

(a) It's not a question.
(b) It's not a big deal.
(c) It's a light feather.

14 ㅣ 상황이 점점 더 나빠질 때

갈수록 태산이야.

(a) Out of the frying pan, into the fire.
(b) Over the mountain, a larger mountain.
(c) Under the carpet, digging a hole.

15 ㅣ 아슬아슬하게 위기를 모면했을 때

큰일 날 뻔했네.

(a) That was close.
(b) That was a big deal.
(c) That was difficult work.

16 ㅣ 시간이 모자랐을 때

시간이 부족했어.

(a) I missed time.
(b) I ran out of time.
(c) Time is of the essence.

17 ㅣ 틀어진 결과에 대해 추궁할 때

뭐가 잘못된 거야?

(a) Who caught us?
(b) What knocked us down?
(c) What went wrong?

18 ㅣ 일의 진전을 방해하는 요소를 물을 때

못하는 이유가 뭔데?

(a) What's standing in your way?
(b) What's stopping in your way?
(c) What's popping in your way?

19 ㅣ 근본 원인을 찾아내자고 할 때

이것의 원인을 파헤쳐보자.

(a) Let's reach the top of this.
(b) Let's go over this.
(c) Let's get to the bottom of this.

20 ㅣ 돈이 원인이라고 상대가 잘못 짚었을 때

돈이 문제가 아니야.

(a) Money is not served.
(b) Money is not the issue.
(c) Money is not the test.

정답 1 (b) 2 (b) 3 (a) 4 (c) 5 (a) 6 (c) 7 (c) 8 (c) 9 (b) 10 (c) 11 (a) 12 (c) 13 (b) 14 (a) 15 (a) 16 (b) 17 (c) 18 (a) 19 (c) 20 (b)

1 ｜ 혹시 문제가 있는지 확인할 때
☐ 괜찮은 거야?

2 ｜ 나 모르게 뭔가 진행되고 있는 것 같을 때
☐ 무슨 일이야?

3 ｜ 친구가 평소와 달리 이상할 때
☐ 너 왜 이래?

4 ｜ 근심이 있어 보이는 친구에게
☐ 무슨 걱정 있어?

5 ｜ 문제나 걱정이 있어 보일 때
☐ 무슨 문제라도 있어?

6 ｜ 갑자기 일이 생겨 자리를 뜰 때
☐ 일이 좀 생겼어.

7 ｜ 곤란한 상황에 처했을 때
☐ 내 상황이 좀 난처해.

8 ｜ 상황이 통제불능 상태가 됐을 때
☐ 상황이 걷잡을 수 없게 됐어.

9 ｜ 숨겨두었던 비밀이 드러났을 때
☐ 비밀이 탄로 났어.

10 ｜ 감추고 싶었던 사생활이 노출됐을 때
☐ 누가 소문을 낸 거야?

11 ｜ 긴박함을 알리고 도움을 요청할 때
☐ 급한 일이야.

12 ｜ 시간만 지나면 해결될 문제일 때
☐ 시간문제야.

13 ｜ 크게 걱정할 상황은 아닐 때
☐ 별거 아니야.

14 ｜ 상황이 점점 더 나빠질 때
☐ 갈수록 태산이야.

15 ｜ 아슬아슬하게 위기를 모면했을 때
☐ 큰일 날 뻔했네.

16 ｜ 시간이 모자랐을 때
☐ 시간이 부족했어.

17 ｜ 틀어진 결과에 대해 추궁할 때
☐ 뭐가 잘못된 거야?

18 ｜ 일의 진전을 방해하는 요소를 물을 때
☐ 못하는 이유가 뭔데?

19 ｜ 근본 원인을 찾아내자고 할 때
☐ 이것의 원인을 파헤쳐보자.

20 ｜ 돈이 원인이라고 상대가 잘못 짚었을 때
☐ 돈이 문제가 아니야.

※ 정답은 〈영어회화 암기장〉 039-040를 확인하세요.

1 | 문제를 해결하겠다고 나설 때

내가 처리할게.

(a) I'll follow it.
(b) I'll take over.
(c) I'll handle it.

2 | 내가 알아서 커버하겠다고 할 때

내가 알아서 할게.

(a) I've handed it out.
(b) I've got it covered.
(c) I've already touched it.

3 | 문제를 잘 다루고 있다며 안심시킬 때

잘되고 있어.

(a) It's in good hands.
(b) It's been processed.
(c) All is bright.

4 | 일을 이미 해결해 놓았을 때

이미 처리했어.

(a) It's been taken care of.
(b) The hands have been touched.
(c) I've spread out the sheets.

5 | 위협 소지가 있는 것을 미리 제거할 때

싹을 잘라 버리자.

(a) Let's nip it in the seed.
(b) Let's nip it in the bud.
(c) Let's nip it in the roots.

6 | 시도해 보겠다고 할 때

한번 해볼게.

(a) I'll be it.
(b) I'll let it go.
(c) I'll give it a go.

7 | 실패할 가능성이 있는데도 도전할 때

위험을 감수해야지.

(a) I'll take my chances.
(b) I'll take my opportunity.
(c) I'll take my order.

8 | 실패해도 손해 볼 게 없을 때

밑져야 본전이야.

(a) I've got nothing to give.
(b) I've got nothing to lose.
(c) I've got nothing to spend.

9 | 해봤자 소용이 없다고 느껴질 때

이건 무의미해.

(a) This means less.
(b) This is empty.
(c) This is pointless.

10 | 마음이 약해져 실행하지 못했을 때

차마 그럴 수가 없었어.

(a) I couldn't talk myself out of it.
(b) I couldn't bring myself to do it.
(c) I couldn't grab on to myself.

11 | 친한 사이끼리 부탁을 할 때

부탁 좀 할게.

(a) I need to please.
(b) I need a favor.
(c) I must ask you.

12 | 물리적인 도움이 필요할 때

좀 거들어줄래?

(a) Can you give me a hand?
(b) Can you come over to me?
(c) Can you turn around for me?

13 | 너무 심하게 하지 말라고 할 때

나한테 살살 좀 해줘.

(a) Go easy on me.
(b) Be nice to me.
(c) Keep still on me.

14 | 나만 다른 대우를 해달라고 요청할 때

예외로 좀 해주면 안 될까?

(a) Can you get me an extra?
(b) Can you go without me?
(c) Can you make an exception?

15 | 상대방에게 실례가 안 되는지 허락을 구할 때

그래도 되겠지?

(a) Do you please me?
(b) I hope you don't mind.
(c) Can I be of service?

16 | 부탁을 들어주는 것이 문제없다고 할 때

전혀. (그럼요.)

(a) Nothing taken.
(b) No way.
(c) Not at all.

17 | 부탁을 기꺼이 들어줄 때

그러세요.

(a) Please me.
(b) Be my guest.
(c) Take it for free.

18 | 다음엔 안 들어주겠다고 조건을 달 때

이번 한 번만이야.

(a) Only in time.
(b) Just this once.
(c) Just one more try.

19 | 부탁을 들어주면서 다음에 갚으라고 생색낼 때

너 나한테 빚진 거야.

(a) You backed me.
(b) You owe me.
(c) You tripped me.

20 | 부탁을 들어주는 대신 조건을 걸 때

조건이 하나 있어.

(a) On one condition.
(b) In prime condition.
(c) From the bottom of my heart.

정답 1 (c) 2 (b) 3 (a) 4 (a) 5 (b) 6 (c) 7 (a) 8 (b) 9 (c) 10 (b) 11 (b) 12 (a) 13 (a) 14 (c) 15 (b) 16 (c) 17 (b) 18 (b) 19 (b) 20 (a)

1 | 문제를 해결하겠다고 나설 때

☐ 내가 처리할게.

2 | 내가 알아서 커버하겠다고 할 때

☐ 내가 알아서 할게.

3 | 문제를 잘 다루고 있다며 안심시킬 때

☐ 잘되고 있어.

4 | 일을 이미 해결해 놓았을 때

☐ 이미 처리했어.

5 | 위험 소지가 있는 것을 미리 제거할 때

☐ 싹을 잘라 버리자.

6 | 시도해 보겠다고 할 때

☐ 한번 해볼게.

7 | 실패할 가능성이 있는데도 도전할 때

☐ 위험을 감수해야지.

8 | 실패해도 손해 볼 게 없을 때

☐ 밑져야 본전이야.

9 | 해봤자 소용이 없다고 느껴질 때

☐ 이건 무의미해.

10 | 마음이 약해져 실행하지 못했을 때

☐ 차마 그럴 수가 없었어.

11 | 친한 사이끼리 부탁을 할 때

☐ 부탁 좀 할게.

12 | 물리적인 도움이 필요할 때

☐ 좀 거들어줄래?

13 | 너무 심하게 하지 말라고 할 때

☐ 나한테 살살 좀 해줘.

14 | 나만 다른 대우를 해달라고 요청할 때

☐ 예외로 좀 해주면 안 될까?

15 | 상대방에게 실례가 안 되는지 허락을 구할 때

☐ 그래도 되겠지?

16 | 부탁을 들어주는 것이 문제없다고 할 때

☐ 전혀. (그럼요.)

17 | 부탁을 기꺼이 들어줄 때

☐ 그러세요.

18 | 다음엔 안 들어주겠다고 조건을 달 때

☐ 이번 한 번만이야.

19 | 부탁을 들어주면서 다음에 갚으라고 생색낼 때

☐ 너 나한테 빚진 거야.

20 | 부탁을 들어주는 대신 조건을 걸 때

☐ 조건이 하나 있어.

※ 정답은 〈영어회화 암기장〉 041-042를 확인하세요.

1 | 망가질까 봐 조심히 다루라고 할 때

살살 해.

(a) It's so soft.
(b) Easy does it.
(c) Watch them.

2 | 계단이나 내리막길을 내려가는 사람에게

발 밑을 조심해.

(a) Watch your step.
(b) Under your feet.
(c) Step by step.

3 | 한눈 팔다가 부딪친 사람에게

앞 좀 보고 다녀!

(a) Look at the view!
(b) Watch where you're going!
(c) Look for the sign!

4 | 좋아 보이지만 실은 조심해야 할 때

그런데 주의할 점이 있어.

(a) But there's a secret.
(b) But there's a plan.
(c) But there's a catch.

5 | 뭔가를 급하게 결정하려는 사람에게

성급하게 뛰어들지 마.

(a) Don't rush into it.
(b) Stop pushing it.
(c) No more sudden moves.

6 | 흥분하지 말라고 조언할 때

침착하게 대처해.

(a) Play it cool.
(b) Cut it out.
(c) Respond nicely.

7 | 흥분하거나 겁먹은 사람을 달랠 때

진정해.

(a) Take it easy.
(b) Take it down.
(c) Take it over.

8 | 서두를 필요 없다고 말해줄 때

천천히 해.

(a) Make your time.
(b) Take your time.
(c) Set your time.

9 | 흥분해서 날뛰는 사람을 진정시킬 때

흥분 좀 가라앉혀.

(a) Don't mind me.
(b) Tone down a bit.
(c) Chill out.

10 | 친구가 재촉하며 닦달할 때

조바심 좀 내지 마.

(a) Keep your pants on.
(b) Maintain your balance.
(c) Stop fooling around.

11 | 어림도 없는 일을 하겠다는 사람에게

꿈 깨.

(a) In your dreams.
(b) In your next life.
(c) Out of your dreams.

12 | 자기 분수에 맞지 않는 행동을 할 때

네 주제를 알아야지.

(a) You should know your fountain.
(b) You should know your theme song.
(c) You should know your place.

13 | 내 충고를 새겨두라고 할 때

내 말을 명심해.

(a) Write down my advice.
(b) Mark my words.
(c) Swallow my promise.

14 | 잘났다고 으스대는 사람에게

우쭐대지 마.

(a) Don't shake yourself.
(b) Don't flatter yourself.
(c) You're wagging your tail.

15 | 잘난 척하며 건방지게 구는 사람에게

그러다 큰코다친다.

(a) You'll hurt your face.
(b) You'll pay dearly.
(c) Hide your nose.

16 | 굳이 그럴 필요 없다며 하지 말라고 할 때

그럴 만한 가치가 없어.

(a) It's not a risk.
(b) It's not worth it.
(c) It's someone's value.

17 | 냉정한 현실을 받아들이자고 할 때

인정하자.

(a) Let's slam it.
(b) Let's face it.
(c) Let's throw it.

18 | 혹시 모를 불행에 대비하자고 할 때

만일을 위해 대비하자.

(a) Let's prepare for a rainy day.
(b) Let's put it in the bank.
(c) Let's open a savings account.

19 | 미리 대비하라고 조언할 때

나중에 후회하는 것보다 낫잖아.

(a) Better happy than regrettable.
(b) Better relaxed than sorry.
(c) Better safe than sorry.

20 | 상대의 조언을 기억하겠다는 각오를 표현할 때

명심할게.

(a) I'll keep that in mind.
(b) I'll cross it out.
(c) I'll scorch it on my brain.

정답 1 (b) 2 (a) 3 (b) 4 (c) 5 (a) 6 (a) 7 (a) 8 (b) 9 (c) 10 (a) 11 (a) 12 (c) 13 (b) 14 (b) 15 (b) 16 (b) 17 (b) 18 (a) 19 (c) 20 (a)

1 | 망가질까 봐 조심히 다루라고 할 때
☐ 살살 해.

2 | 계단이나 내리막길을 내려가는 사람에게
☐ 발 밑을 조심해.

3 | 한눈 팔다가 부딪친 사람에게
☐ 앞 좀 보고 다녀!

4 | 좋아 보이지만 실은 조심해야 할 때
☐ 그런데 주의할 점이 있어.

5 | 뭔가를 급하게 결정하려는 사람에게
☐ 성급하게 뛰어들지 마.

6 | 흥분하지 말라고 조언할 때
☐ 침착하게 대처해.

7 | 흥분하거나 겁먹은 사람을 달랠 때
☐ 진정해.

8 | 서두를 필요 없다고 말해줄 때
☐ 천천히 해.

9 | 흥분해서 날뛰는 사람을 진정시킬 때
☐ 흥분 좀 가라앉혀.

10 | 친구가 재촉하며 닦달할 때
☐ 조바심 좀 내지 마.

11 | 어림도 없는 일을 하겠다는 사람에게
☐ 꿈 깨.

12 | 자기 분수에 맞지 않는 행동을 할 때
☐ 네 주제를 알아야지.

13 | 내 충고를 새겨두라고 할 때
☐ 내 말을 명심해.

14 | 잘났다고 으스대는 사람에게
☐ 우쭐대지 마.

15 | 잘난 척하며 건방지게 구는 사람에게
☐ 그러다 큰코다친다.

16 | 굳이 그럴 필요 없다며 하지 말라고 할 때
☐ 그럴 만한 가치가 없어.

17 | 냉정한 현실을 받아들이자고 할 때
☐ 인정하자.

18 | 혹시 모를 불행에 대비하자고 할 때
☐ 만일을 위해 대비하자.

19 | 미리 대비하라고 조언할 때
☐ 나중에 후회하는 것보다 낫잖아.

20 | 상대의 조언을 기억하겠다는 각오를 표현할 때
☐ 명심할게.

※ 정답은 〈영어회화 암기장〉 043-044를 확인하세요.

1 | 머뭇거리는 사람에게 해보라고 권유할 때

그건 시도해 볼만해.

(a) It's worth a throw.
(b) It's worth a shot.
(c) It's worth the role.

2 | 다시 오기 힘든 기회임을 강조할 때

이건 절호의 기회야.

(a) It's the golden bridge.
(b) It's a once-in-a-lifetime opportunity.
(c) It's your life-time guarantee.

3 | 소중한 기회를 놓치고 있다고 일깨워줄 때

안 하면 후회할 텐데.

(a) You don't know what you're missing.
(b) You will close your eyes.
(c) I regret telling you.

4 | 내가 상대방이라면 안 하겠다고 조언할 때

나라면 안 하겠어.

(a) I wouldn't if I were you.
(b) I may skip it for you.
(c) I won't do it if you don't.

5 | 어려울까 봐 망설이는 사람에게

어려워 봤자지.

(a) How hard can you make it?
(b) How hard must it be?
(c) How hard can it be?

6 | 뭐부터 해야 할지 모르는 사람에게

중요한 것부터 하자.

(a) Last things first.
(b) First things last.
(c) First things first.

7 | 안 하는 게 낫다고 조언할 때

안 그러는 게 좋을 걸.

(a) It's better left untidy.
(b) Don't pull the plug.
(c) It's best you don't.

8 | 그래 봐야 소용없다고 조언할 때

이건 헛수고야.

(a) It's a wild goose chase.
(b) It's a wild horse chase.
(c) It's a wild duck chase.

9 | 하겠다는 사람을 말릴 때

후회할 거야.

(a) You'll regret it.
(b) You'll look back.
(c) You'll call yourself.

10 | 급하게 생각하지 말라고 조언할 때

때가 되면 다 되게 돼 있어.

(a) You will make it in the end.
(b) All's well that ends well.
(c) All in good time.

11 | 빨리 그 시간이 오기를 바라는 들뜬 마음을 표현할 때

빨리 했으면 좋겠다!

(a) I expect more!
(b) I'm highly respected!
(c) I can't wait!

12 | 기대했던 것보다 결과가 좋았을 때

기대 이상이었어.

(a) It was next to my expectations.
(b) It was beyond my expectations.
(c) It was between my expectations.

13 | 기대했던 것보다 결과가 안 좋았을 때

기대에 못 미치는군.

(a) It's below my heart.
(b) It's not up to scratch.
(c) It's lower than my mind.

14 | 크게 실망하여 허무함이 밀려올 때

완전 실망이야.

(a) It's a total lie.
(b) It's a total set-up.
(c) It's a total letdown.

15 | 괜한 기대를 하지 말라고 충고할 때

너무 기대하지 마.

(a) Don't lean on it.
(b) Don't sit on it.
(c) Don't bet on it.

16 | 부탁해놓고 취소할 때

신경 쓰지 마.

(a) Never mind.
(b) Never swear.
(c) Never say never again.

17 | 조금도 관심이 없음을 강조할 때

전혀 상관 안 해.

(a) I couldn't care more.
(b) I couldn't care less.
(c) I don't blink anymore.

18 | 보호하기 위해 또는 의심이 가서

내가 눈여겨볼게.

(a) I'll keep an eagle for her.
(b) I'll keep an antenna for her.
(c) I'll keep an eye on her.

19 | 상대방의 제안이 솔깃할 때

구미가 당기는데.

(a) My interest is pulling in.
(b) I'm intrigued.
(c) It seems tasteful.

20 | 관심을 갖고 직접 살펴볼 때

어디 보자.

(a) Do me a favor.
(b) Bring it near my eyes.
(c) Let's have a look.

정답 1 (b) 2 (b) 3 (a) 4 (a) 5 (c) 6 (c) 7 (c) 8 (a) 9 (a) 10 (c) 11 (c) 12 (b) 13 (b) 14 (c) 15 (c) 16 (a) 17 (b) 18 (c) 19 (b) 20 (c)

1 ┃ 머뭇거리는 사람에게 해보라고 권유할 때

☐ 그건 시도해 볼만해.

2 ┃ 다시 오기 힘든 기회임을 강조할 때

☐ 이건 절호의 기회야.

3 ┃ 소중한 기회를 놓치고 있다고 일깨워줄 때

☐ 안 하면 후회할 텐데.

4 ┃ 내가 상대방이라면 안 하겠다고 조언할 때

☐ 나라면 안 하겠어.

5 ┃ 어려울까 봐 망설이는 사람에게

☐ 어려워 봤자지.

6 ┃ 뭐부터 해야 할지 모르는 사람에게

☐ 중요한 것부터 하자.

7 ┃ 안 하는 게 낫다고 조언할 때

☐ 안 그러는 게 좋을 걸.

8 ┃ 그래 봐야 소용없다고 조언할 때

☐ 이건 헛수고야.

9 ┃ 하겠다는 사람을 말릴 때

☐ 후회할 거야.

10 ┃ 급하게 생각하지 말라고 조언할 때

☐ 때가 되면 다 되게 돼 있어.

11 ┃ 빨리 그 시간이 오기를 바라는 들뜬 마음을 표현할 때

☐ 빨리 했으면 좋겠다!

12 ┃ 기대했던 것보다 결과가 좋았을 때

☐ 기대 이상이었어.

13 ┃ 기대했던 것보다 결과가 안 좋았을 때

☐ 기대에 못 미치는군.

14 ┃ 크게 실망하여 허무함이 밀려올 때

☐ 완전 실망이야.

15 ┃ 괜한 기대를 하지 말라고 충고할 때

☐ 너무 기대하지 마.

16 ┃ 부탁해놓고 취소할 때

☐ 신경 쓰지 마.

17 ┃ 조금도 관심이 없음을 강조할 때

☐ 전혀 상관 안 해.

18 ┃ 보호하기 위해 또는 의심이 가서

☐ 내가 눈여겨볼게.

19 ┃ 상대방의 제안이 솔깃할 때

☐ 구미가 당기는데.

20 ┃ 관심을 갖고 직접 살펴볼 때

☐ 어디 보자.

※ 정답은 〈영어회화 암기장〉 045-046를 확인하세요.

1 | 잘되기를 진심으로 응원할 때

너를 응원하고 있어.

(a) I'm wooing you.
(b) I'm shunning you.
(c) I'm rooting for you.

2 | 일을 제대로 해냈을 때 파이팅

잘했어!

(a) Way to go!
(b) Great finish!
(c) It's amazing!

3 | 마음속으로 동참하고 함께할 때

이 부분에 대해 난 널 지지해.

(a) I'm assisting you with love on this.
(b) I'm funding you with money on this.
(c) I'm behind you on this.

4 | 실전이 임박했을 때 응원 멘트

최선을 다해봐.

(a) Give it your best heart.
(b) Give it your best mind.
(c) Give it your best shot.

5 | 크게 심각하지 않은 일에 대해 힘내라고 가볍게 응원할 때

힘내.

(a) Cheers.
(b) Cheer up.
(c) Good job.

6 | 파이팅을 외치며 기운을 북돋울 때

용기를 내!

(a) Keep your spirits up!
(b) Keep your eyes up!
(c) Keep your body up!

7 | 눈치 보지 말고 실컷 하라고 북돋울 때

마음껏 해봐.

(a) Knock yourself out.
(b) Help yourself out.
(c) As long as you can.

8 | 일이 잘되라고 행운을 빌어줄 때

행운을 빈다.

(a) How fortunate.
(b) I wish you luck.
(c) I pray for you.

9 | 기도하는 마음으로 좋은 결과를 빌어줄 때

잘되길 빌게.

(a) I'll keep my arms crossed.
(b) I'll keep my fingers crossed.
(c) I'll keep my eyes crossed.

10 | 힘든 목표도 정신력으로 이뤄낼 수 있다고 격려할 때

마음만 먹으면 뭐든지 할 수 있어.

(a) Everything's inside the mind you have.
(b) Believe in your fate.
(c) You can do anything you set your mind to.

11 | 풀이 죽어 있는 친구에게

기운 내.

(a) Keep your chin up.
(b) Keep your nose up.
(c) Keep your elbow up.

12 | 안타까운 상황을 보거나 듣고

참 안됐다.

(a) I'm so sorry.
(b) That can't be helped.
(c) That's not good.

13 | 자신의 잘못을 괴로워하는 사람에게

너무 자책하지 마.

(a) Stop whipping yourself.
(b) Don't be so hard on yourself.
(c) You're hitting yourself.

14 | 불안·자책 등으로 힘들어하는 사람에게

마음 편히 먹어.

(a) Put your mind at ease.
(b) Put your mind into pieces.
(c) Put your mind to reset.

15 | 시간이 지나면 괜찮아질 거라고 위로할 때

시간이 약이야.

(a) Take your time.
(b) Time equals medicine.
(c) Time heals all wounds.

16 | 상대방의 심정을 이해해주며 위로할 때

그 기분 알아.

(a) My heart is inside you.
(b) Your position is familiar to me.
(c) I know how you feel.

17 | 실패해서 용기를 잃은 사람에게

낙담하지 마.

(a) Don't fall down.
(b) Don't be discouraged.
(c) Don't show any tears.

18 | 걱정과 불안에 사로잡힌 사람에게

다 잘될 거야.

(a) Everything will be all right.
(b) Nothing will be wasted.
(c) All things are accounted for.

19 | 자신의 불행에 힘들어하는 사람에게

누구한테나 일어날 수 있는 일이야.

(a) Everyone can see the happening.
(b) It could happen to anyone.
(c) Anyone can have it.

20 | 장례식장에서 상주에게

삼가 위로의 마음을 전해요.

(a) My deepest regrets.
(b) My deepest condolences.
(c) My deepest sadness.

정답 1 (c) 2 (a) 3 (c) 4 (c) 5 (b) 6 (a) 7 (a) 8 (b) 9 (b) 10 (c) 11 (a) 12 (a) 13 (b) 14 (a) 15 (c) 16 (c) 17 (b) 18 (a) 19 (b) 20 (b)

1 | 잘되기를 진심으로 응원할 때
☐ 너를 응원하고 있어.

2 | 일을 제대로 해냈을 때 파이팅
☐ 잘했어!

3 | 마음속으로 동참하고 함께할 때
☐ 이 부분에 대해 난 널 지지해.

4 | 실전이 임박했을 때 응원 멘트
☐ 최선을 다해봐.

5 | 크게 심각하지 않은 일에 대해 힘내라고 가볍게 응원할 때
☐ 힘내.

6 | 파이팅을 외치며 기운을 북돋울 때
☐ 용기를 내!

7 | 눈치 보지 말고 실컷 하라고 북돋울 때
☐ 마음껏 해봐.

8 | 일이 잘되라고 행운을 빌어줄 때
☐ 행운을 빈다.

9 | 기도하는 마음으로 좋은 결과를 빌어줄 때
☐ 잘되길 빌게.

10 | 힘든 목표도 정신력으로 이뤄낼 수 있다고 격려할 때
☐ 마음만 먹으면 뭐든지 할 수 있어.

11 | 풀이 죽어 있는 친구에게
☐ 기운 내.

12 | 안타까운 상황을 보거나 듣고
☐ 참 안됐다.

13 | 자신의 잘못을 괴로워하는 사람에게
☐ 너무 자책하지 마.

14 | 불안·자책 등으로 힘들어하는 사람에게
☐ 마음 편히 먹어.

15 | 시간이 지나면 괜찮아질 거라고 위로할 때
☐ 시간이 약이야.

16 | 상대방의 심정을 이해해주며 위로할 때
☐ 그 기분 알아.

17 | 실패해서 용기를 잃은 사람에게
☐ 낙담하지 마.

18 | 걱정과 불안에 사로잡힌 사람에게
☐ 다 잘될 거야.

19 | 자신의 불행에 힘들어하는 사람에게
☐ 누구한테나 일어날 수 있는 일이야.

20 | 장례식장에서 상주에게
☐ 삼가 위로의 마음을 전해요.

1 | 상대의 좋은 일을 같이 기뻐해 줄 때

잘됐네!

(a) Good for you!
(b) Well gone!
(c) Roll over!

2 | 상대의 결정이나 행동에 호응할 때

결정 잘했어.

(a) Well made.
(b) Good call.
(c) So far so good.

3 | 드디어 마음에 드는 것을 찾았을 때

그게 훨씬 낫다!

(a) That's how I like it!
(b) That's more to it!
(c) That's more like it!

4 | 칭찬을 듣고 겸손하게 응수할 때

과찬이세요.

(a) I'm flattened.
(b) I'm flattered.
(c) I've got run over.

5 | 상대의 솜씨를 인정하며 감탄을 섞어 말할 때

너 정말 대단하다.

(a) I've got to hand it to you.
(b) I've got to bring it to you.
(c) I've got to show it to you.

6 | 걱정했던 일이 해결됐을 때

정말 다행이다.

(a) What a pity!
(b) What a relief!
(c) What a mess!

7 | 불행인 줄 알았던 일이 좋은 기회가 됐을 때

전화위복이었어.

(a) From dark night to silver cross.
(b) A fortune that turned white.
(c) It was a blessing in disguise.

8 | 처음부터 일이 잘 풀렸을 때

시작이 좋은데.

(a) The beginning is perfect.
(b) We started from first base.
(c) We're off to a good start.

9 | 힘든 일을 겪고 있는 사람에게 희망을 주고 싶을 때

이 또한 지나갈 거야.

(a) This too shall be.
(b) This too shall pass.
(c) This too will check out.

10 | 안 좋은 습관이나 행동을 버리고 새로 거듭났다고 할 때

난 새 사람이 됐어.

(a) I turned over a new book.
(b) I turned over a new plate.
(c) I turned over a new leaf.

11 | 말하는 걸 다 들어주겠다고 할 때

말만 해.

(a) You just talk.
(b) You wish for everything.
(c) You name it.

12 | 부탁을 받았을 때

한번 알아볼게.

(a) I'll see what I can do.
(b) I'll do it once.
(c) You wait and see.

13 | 여럿이 조금씩 돈을 내서 모을 때

나도 십시일반 할게.

(a) I'll pitch in.
(b) I'll dunk in.
(c) I'll sink in.

14 | 도움이 될 만한 물건을 건네주면서

도움이 될 거야.

(a) It will come in handy.
(b) It will come in smoothly.
(c) It will come in boxes.

15 | 서로 돕자면서 거래를 제안할 때

우리 상부상조하자.

(a) If you scratch my face, I'll scratch yours.
(b) If you scratch my belly, I'll scratch yours.
(c) If you scratch my back, I'll scratch yours.

16 | 가슴을 울리는 감동이 느껴질 때

정말 감동적이야.

(a) I'm emotionally stable.
(b) It's very touching.
(c) It's so nerve-wracking.

17 | 벅찬 감동이 밀려올 때

가슴이 벅차다.

(a) I'm in your debt.
(b) My chest is moving.
(c) I'm overwhelmed.

18 | 감사를 전하며 은혜를 갚겠다고 할 때

신세 갚을게.

(a) I'll take it up to you.
(b) I'll make it up to you.
(c) I'll pay it up to you.

19 | 위로를 받고 감사를 전할 때

위로해줘서 고마워.

(a) Thank you for your cruel words.
(b) Thank you for your comforting words.
(c) Thank you for your easy words.

20 | 감사의 마음으로 선물을 건넬 때

내 감사의 표시야.

(a) It's a token of my appreciation.
(b) This is my true heart.
(c) Here's a hint of my sign.

정답 1 (a) 2 (b) 3 (c) 4 (b) 5 (a) 6 (b) 7 (c) 8 (c) 9 (b) 10 (c) 11 (c) 12 (a) 13 (a) 14 (a) 15 (c) 16 (b) 17 (c) 18 (b) 19 (b) 20 (a)

1 | 상대의 좋은 일을 같이 기뻐해 줄 때

☐ 잘됐네!

2 | 상대의 결정이나 행동에 호응할 때

☐ 결정 잘했어.

3 | 드디어 마음에 드는 것을 찾았을 때

☐ 그게 훨씬 낫다!

4 | 칭찬을 듣고 겸손하게 응수할 때

☐ 과찬이세요.

5 | 상대의 솜씨를 인정하며 감탄을 섞어 말할 때

☐ 너 정말 대단하다.

6 | 걱정했던 일이 해결됐을 때

☐ 정말 다행이다.

7 | 불행인 줄 알았던 일이 좋은 기회가 됐을 때

☐ 전화위복이었어.

8 | 처음부터 일이 잘 풀렸을 때

☐ 시작이 좋은데.

9 | 힘든 일을 겪고 있는 사람에게 희망을 주고 싶을 때

☐ 이 또한 지나갈 거야.

10 | 안 좋은 습관이나 행동을 버리고 새로 거듭났다고 할 때

☐ 난 새 사람이 됐어.

11 | 말하는 걸 다 들어주겠다고 할 때

☐ 말만 해.

12 | 부탁을 받았을 때

☐ 한번 알아볼게.

13 | 여럿이 조금씩 돈을 내서 모을 때

☐ 나도 십시일반 할게.

14 | 도움이 될 만한 물건을 건네주면서

☐ 도움이 될 거야.

15 | 서로 돕자면서 거래를 제안할 때

☐ 우리 상부상조하자.

16 | 가슴을 울리는 감동이 느껴질 때

☐ 정말 감동적이야.

17 | 벅찬 감동이 밀려올 때

☐ 가슴이 벅차다.

18 | 감사를 전하며 은혜를 갚겠다고 할 때

☐ 신세 갚을게.

19 | 위로를 받고 감사를 전할 때

☐ 위로해줘서 고마워.

20 | 감사의 마음으로 선물을 건넬 때

☐ 내 감사의 표시야.

※ 정답은 〈영어회화 암기장〉 049-050를 확인하세요.

PART 2

네이티브 영어회화

일상생활 적응력 실전 테스트

"휴대폰 배터리가 나갔어."

"내 문자를 계속 씹어."

"양파는 빼주세요."

"나이는 못 속여."

"숱을 쳐주세요."

"온몸이 으슬으슬 추워."

{ 휴대폰, 쇼핑, 식당 등 언제 어디서든, 어떤 주제의 대화가 나오든
영어 때문에 기죽지 않고 얼마큼 적응해나갈 수 있는지 확인해 보겠습니다. }

1 | 전화를 걸어 먼저 매너 있게 상대의 상황을 파악할 때

지금 통화 괜찮아?

(a) Are you busy calling people?
(b) Did I make a telephone?
(c) Is this a good time for you?

2 | 일이 생겨 전화를 끊어야 할 때

내가 이따 전화할게.

(a) I'll take you back.
(b) I'll call you back.
(c) I'll answer back.

3 | 실수로 누군가에게 전화가 걸렸을 때

미안해. 나도 모르게 걸렸어.

(a) Sorry, I finger-dialed you.
(b) Sorry, I face-dialed you.
(c) Sorry, I pocket dialed you.

4 | 전화를 계속 걸었는데도 안 받을 때

왜 계속 내 전화 안 받아?

(a) Why are you chewing up my phone?
(b) Why are you ignoring my calls?
(c) Why are you not touching the phone?

5 | 수신 문제로 휴대폰이 먹통일 때

휴대폰이 안 터지네.

(a) The phone is quiet.
(b) The phone makes no noise.
(c) I'm getting no service.

6 | 전화 속 상대방 목소리가 끊길 때

자꾸 끊기네.

(a) You're breaking off.
(b) You're breaking down.
(c) You're breaking up.

7 | 전화기에서 '지직' 하는 소리가 들릴 때

잡음이 들려.

(a) I'm getting rumors.
(b) I'm getting static.
(c) I'm getting ghosts.

8 | 상대방 소리가 잘 안 들릴 때

잘 안 들려.

(a) I'm losing you.
(b) I'm missing you.
(c) I'm breaking you.

9 | 통화 음질이 깔끔할 때

연결 상태가 좋아.

(a) I'm getting good waves.
(b) I'm getting in good condition.
(c) I'm getting good reception.

10 | 통화 중에 갑자기 연결이 끊겼을 때

전화가 끊겨버렸어.

(a) The line went dead.
(b) The line has been chewed.
(c) The phone is damaged.

11 | 휴대폰이 울리는 것을 피해야 하는 상황에서

휴대폰을 진동으로 해놔.

(a) Put your phone on vibrate.
(b) Make your phone deaf.
(c) Switch your phone to dummy mode.

12 | 아예 소리가 안 나게 해놨을 때

무음으로 해놨어.

(a) I put mine to deaf.
(b) I put mine to sleep.
(c) I put mine on silent.

13 | 휴대폰 전원을 끄라고 할 때

꺼버려.

(a) Take it off.
(b) Turn it off.
(c) Turn it down.

14 | 배터리가 떨어져 갈 때

배터리가 얼마 없어.

(a) The battery is slim.
(b) I'm low on battery.
(c) I have only a few batteries.

15 | 배터리 방전으로 휴대폰이 꺼졌을 때

휴대폰 배터리가 나갔어.

(a) My phone battery is dead.
(b) My phone battery is passed out.
(c) My phone battery is closed.

16 | 휴대폰 배터리를 충전해야 할 때

배터리를 충전해야 돼.

(a) I need to reboot my battery.
(b) I need to remake my battery.
(c) I need to recharge my battery.

17 | 충전기가 안 보일 때

충전기가 어디 갔지?

(a) Where's my sneezer?
(b) Where's my energizer?
(c) Where's my charger?

18 | 얼마 안 썼는데 배터리가 닳았을 때

배터리가 너무 빨리 닳아.

(a) The battery is done so soon.
(b) The battery goes out too quickly.
(c) The battery gets down too fast.

19 | 휴대폰이 제대로 작동하지 않을 때

제 휴대폰이 고장 났어요.

(a) My cell phone's shot down.
(b) My cell phone isn't working.
(c) My cell phone is gone.

20 | 새 스마트폰을 장만하려 할 때

스마트폰을 바꿀 거야.

(a) I'm going to trade my smartphone.
(b) I will transform my smartphone.
(c) I'm going to get a new smartphone.

정답 1 (c) 2 (b) 3 (c) 4 (b) 5 (c) 6 (c) 7 (b) 8 (a) 9 (c) 10 (a) 11 (a) 12 (c) 13 (b) 14 (b) 15 (a) 16 (c) 17 (c) 18 (b) 19 (b) 20 (c)

1 | 전화를 걸어 먼저 매너 있게 상대의 상황을 파악할 때

☐ 지금 통화 괜찮아?

2 | 일이 생겨 전화를 끊어야 할 때

☐ 내가 이따 전화할게.

3 | 실수로 누군가에게 전화가 걸렸을 때

☐ 미안해. 나도 모르게 걸렸어.

4 | 전화를 계속 걸었는데도 안 받을 때

☐ 왜 계속 내 전화 안 받아?

5 | 수신 문제로 휴대폰이 먹통일 때

☐ 휴대폰이 안 터지네.

6 | 전화 속 상대방 목소리가 끊길 때

☐ 자꾸 끊기네.

7 | 전화기에서 '지직' 하는 소리가 들릴 때

☐ 잡음이 들려.

8 | 상대방 소리가 잘 안 들릴 때

☐ 잘 안 들려.

9 | 통화 음질이 깔끔할 때

☐ 연결 상태가 좋아.

10 | 통화 중에 갑자기 연결이 끊겼을 때

☐ 전화가 끊겨버렸어.

11 | 휴대폰이 울리는 것을 피해야 하는 상황에서

☐ 휴대폰을 진동으로 해놔.

12 | 아예 소리가 안 나게 해놨을 때

☐ 무음으로 해놨어.

13 | 휴대폰 전원을 끄라고 할 때

☐ 꺼버려.

14 | 배터리가 떨어져 갈 때

☐ 배터리가 얼마 없어.

15 | 배터리 방전으로 휴대폰이 꺼졌을 때

☐ 휴대폰 배터리가 나갔어.

16 | 휴대폰 배터리를 충전해야 할 때

☐ 배터리를 충전해야 돼.

17 | 충전기가 안 보일 때

☐ 충전기가 어디 갔지?

18 | 얼마 안 썼는데 배터리가 닳았을 때

☐ 배터리가 너무 빨리 닳아.

19 | 휴대폰이 제대로 작동하지 않을 때

☐ 제 휴대폰이 고장 났어요.

20 | 새 스마트폰을 장만하려 할 때

☐ 스마트폰을 바꿀 거야.

1 | 가장 최신 모델임을 자랑할 때

이건 최신 모델이야.

(a) This is the first model.
(b) This is the latest model.
(c) This is the top model.

2 | 추가된 특징이나 기능을 뽐낼 때

새로운 기능이 많아.

(a) It's equipped with new parts.
(b) It's got many new shows.
(c) It has many new features.

3 | 남이 내 휴대폰을 함부로 이용하지 못하게 비밀번호를 걸어놨을 때

비밀번호 걸어놨어.

(a) It's password protected.
(b) It's password hanged.
(c) It's password hidden.

4 | 스마트폰 중독 증세를 보일 때

쟤는 스마트폰에서 눈을 떼질 않아.

(a) His eyes are stuck.
(b) He lives with his smartphone.
(c) He's glued to his smartphone.

5 | 와이파이가 먹통일 때

와이파이가 안 터지네.

(a) There's no WiFi explosion.
(b) There's no WiFi connection.
(c) There's no WiFi highway.

6 | 카톡으로 얘기하고 싶을 때

너 카톡 해?

(a) Do you use Kakao Talk?
(b) Is it you on Kakao Talk?
(c) Are you with Kakao Talk?

7 | 문자나 카톡을 보내겠다고 할 때

나중에 문자 보낼게.

(a) I'll massage you later.
(b) I'll mini-letter you later.
(c) I'll text you later.

8 | 문자를 보내도 계속 답신이 없을 때

걔가 내 문자를 계속 씹어.

(a) She's closing my text messages.
(b) She's biting my text messages.
(c) She's ignoring my text messages.

9 | 문자를 입력하다가 오타가 났을 때

그거 오타였어.

(a) That was a hippo.
(b) That was a typo.
(c) That was a lipo.

10 | 여러 명이 함께 모바일 채팅을 할 때

단체 채팅방에 초대 좀 해줄래?

(a) Can you invite me to your group chat?
(b) Can you bring me to your meeting room?
(c) Can you call me to your group chatting room?

11 | 모인 기념으로 사진 찍자고 할 때

같이 사진 찍자.

(a) Let's make a picture together.
(b) Let's shoot a picture together.
(c) Let's take a picture together.

12 | 행인에게 사진 좀 찍어달라고 할 때

저희 사진 좀 찍어주시겠어요?

(a) Can you make a picture for us?
(b) Can you take a picture of us?
(c) Can you press our photo?

13 | 사진 찍어달라고 폰을 건네며 누르는 곳을 알려줄 때

요기 누르시면 돼요.

(a) Just touch this.
(b) Just rub here.
(c) Just use this.

14 | 셀카봉을 써서 사진을 찍자고 할 때

셀카봉을 사용하자.

(a) Let's use the selfie rod.
(b) Let's use the selfie stick.
(c) Let's use the selfie wand.

15 | 사진 찍을 테니 움직이지 말라고 할 때

그대로 있어봐.

(a) Keep still.
(b) Stop kneeling.
(c) Maintain motion.

16 | 웃으라고 할 때

김치!

(a) Say Christmas!
(b) Say cheese!
(c) Say boo!

17 | 찍어주는 김에 한 번만 더 찍어달라고 할 때

한 번 더 찍어줘.

(a) Take one more dip.
(b) Take one more shot.
(c) Take one more clip.

18 | 자기 사진을 찍고 있었을 때

나 셀카 찍고 있었어.

(a) I was shooting a lonely photo.
(b) I was taking a selfie.
(c) I was clicking at a solo camera.

19 | 증거사진을 자랑하고 싶을 때

이게 내 인증샷이야.

(a) Here's my best shot.
(b) Here's my mug shot.
(c) Here's my proof shot.

20 | 휴대폰으로 사진을 전송해 달라고 할 때

메신저로 그 사진 좀 보내줘.

(a) Send me that photo with a messenger.
(b) Send me that photo for the messenger.
(c) Send me that photo via messenger.

정답 1 (b) 2 (c) 3 (a) 4 (c) 5 (b) 6 (a) 7 (c) 8 (c) 9 (b) 10 (a) 11 (c) 12 (b) 13 (a) 14 (b) 15 (a) 16 (b) 17 (b) 18 (b) 19 (c) 20 (c)

1 | 가장 최신 모델임을 자랑할 때

☐ 이건 최신 모델이야.

2 | 추가된 특징이나 기능을 뽐낼 때

☐ 새로운 기능이 많아.

3 | 남이 내 휴대폰을 함부로 이용하지 못하게 비밀번호를 걸어놨을 때

☐ 비밀번호 걸어놨어.

4 | 스마트폰 중독 증세를 보일 때

☐ 쟤는 스마트폰에서 눈을 떼질 않아.

5 | 와이파이가 먹통일 때

☐ 와이파이가 안 터지네.

6 | 카톡으로 얘기하고 싶을 때

☐ 너 카톡 해?

7 | 문자나 카톡을 보내겠다고 할 때

☐ 나중에 문자 보낼게.

8 | 문자를 보내도 계속 답신이 없을 때

☐ 걔가 내 문자를 계속 씹어.

9 | 문자를 입력하다가 오타가 났을 때

☐ 그거 오타였어.

10 | 여러 명이 함께 모바일 채팅을 할 때

☐ 단체 채팅방에 초대 좀 해줄래?

11 | 모인 기념으로 사진 찍자고 할 때

☐ 같이 사진 찍자.

12 | 행인에게 사진 좀 찍어달라고 할 때

☐ 저희 사진 좀 찍어주시겠어요?

13 | 사진 찍어달라고 폰을 건네며 누르는 곳을 알려줄 때

☐ 요기 누르시면 돼요.

14 | 셀카봉을 써서 사진을 찍자고 할 때

☐ 셀카봉을 사용하자.

15 | 사진 찍을 테니 움직이지 말라고 할 때

☐ 그대로 있어봐.

16 | 웃으라고 할 때

☐ 김치!

17 | 찍어주는 김에 한 번만 더 찍어달라고 할 때

☐ 한 번 더 찍어줘.

18 | 자기 사진을 찍고 있었을 때

☐ 나 셀카 찍고 있었어.

19 | 증거사진을 자랑하고 싶을 때

☐ 이게 내 인증샷이야.

20 | 휴대폰으로 사진을 전송해 달라고 할 때

☐ 메신저로 그 사진 좀 보내줘.

※ 정답은 〈영어회화 암기장〉 053-054를 확인하세요.

1 | 사진이 잘 나왔는지 궁금할 때

어떻게 나왔는지 보자.

(a) Let's see how it came out.
(b) Let's see how it went out.
(c) Let's see how it got out.

2 | 실물보다 사진이 잘 나올 때

너 사진발 잘 받는다!

(a) You're photo-shining!
(b) You're photogenic!
(c) You're a photomon!

3 | 사진보다 실물이 나을 때

넌 실물이 더 낫다.

(a) I prefer the real you.
(b) I like the original photo.
(c) You look better in person.

4 | 사진이 너무 이상하게 나왔을 때

이 사진 완전 굴욕이야!

(a) This photo is so humiliating!
(b) This photo is so mindbending!
(c) This photo is so eye-closing!

5 | 사진이 흐릿하게 나왔을 때

흐릿하게 나왔어.

(a) It came out spooky.
(b) It came out gloomy.
(c) It came out blurry.

6 | 사진이 흐릿하게 나온 이유를 말할 때

초점이 안 맞았어.

(a) It was out of focus.
(b) I was beyond the range.
(c) The focus was shaken.

7 | 햇빛을 마주보고 찍었을 때

사진이 역광으로 찍혔어.

(a) The photo was taken reversely.
(b) The picture has a backdraft.
(c) The photo was backlit.

8 | 눈이 토끼 눈처럼 빨갛게 나왔을 때

적목현상이야.

(a) There's a red-eye effect.
(b) There's a bloody-eye effect.
(c) There's a rabbit's-eye effect.

9 | 남의 사진에 끼어들어 망쳐놨을 때

네 사진 망쳐서 미안해.

(a) Sorry I barged in.
(b) Sorry I photobombed you.
(c) Sorry I missed it.

10 | 사진을 액자에 넣자고 할 때

액자에 넣자.

(a) Let's keep it in a glass jar.
(b) Let's put it inside some wood.
(c) Let's frame it.

11 | 음식이 먹을 만한지 궁금할 때

그 음식이 입에 맞니?

(a) Is the food to your mouth?
(b) Is the food to your tongue?
(c) Is the food to your taste?

12 | 입 안이 얼얼할 정도로 매울 때

엄청 맵다.

(a) It's red hot.
(b) It's very chilly.
(c) It's a very hot pepper.

13 | 음식의 맛이 밋밋할 때

너무 싱거워.

(a) It's too bland.
(b) It's too bold.
(c) It's too minimal.

14 | 내가 단맛을 별로 안 좋아할 때

내 입엔 너무 달아.

(a) It's too sweet for my taste.
(b) My mouth is only tasting sugar.
(c) The taste is too much like candy.

15 | 단맛과 신맛이 동시에 느껴질 때

새콤달콤한데.

(a) It's sweet and slimy.
(b) It's sweet and sour.
(c) It's sugary and flavored.

16 | 단맛과 쓴맛이 동시에 느껴질 때

달콤 쌉쌀한 맛이 나네.

(a) The taste is sour and sweet.
(b) It has a bittersweet taste.
(c) The mouth sweats and dribbles.

17 | 기름기 때문에 속이 니글거릴 때

너무 느끼해.

(a) It's too oily.
(b) It's too lumpy.
(c) It's too feeble.

18 | 음식 맛이 입에 착착 감길 때

감칠맛 난다.

(a) It has a tingling taste.
(b) It has a savory taste.
(c) The taste is numbing.

19 | 깊은 맛과 풍미가 느껴질 때

맛이 진하고 풍부해.

(a) It's deep and foamy.
(b) It's dark and profuse.
(c) It's rich and flavorful.

20 | 음식의 맛이 특이할 때

독특한 맛이 나.

(a) It's a tongue twister.
(b) It has a unique taste.
(c) The taste is one and only.

정답 1 (a) 2 (b) 3 (c) 4 (a) 5 (c) 6 (a) 7 (c) 8 (a) 9 (b) 10 (c) 11 (c) 12 (a) 13 (a) 14 (a) 15 (b) 16 (b) 17 (a) 18 (b) 19 (c) 20 (b)

1 | 사진이 잘 나왔는지 궁금할 때
□ 어떻게 나왔는지 보자.

2 | 실물보다 사진이 잘 나올 때
□ 너 사진발 잘 받는다!

3 | 사진보다 실물이 나을 때
□ 넌 실물이 더 낫다.

4 | 사진이 너무 이상하게 나왔을 때
□ 이 사진 완전 굴욕이야!

5 | 사진이 흐릿하게 나왔을 때
□ 흐릿하게 나왔어.

6 | 사진이 흐릿하게 나온 이유를 말할 때
□ 초점이 안 맞았어.

7 | 햇빛을 마주보고 찍었을 때
□ 사진이 역광으로 찍혔어.

8 | 눈이 토끼 눈처럼 빨갛게 나왔을 때
□ 적목현상이야.

9 | 남의 사진에 끼어들어 망쳐놨을 때
□ 네 사진 망쳐서 미안해.

10 | 사진을 액자에 넣자고 할 때
□ 액자에 넣자.

11 | 음식이 먹을 만한지 궁금할 때
□ 그 음식이 입에 맞니?

12 | 입 안이 얼얼할 정도로 매울 때
□ 엄청 맵다.

13 | 음식의 맛이 밋밋할 때
□ 너무 싱거워.

14 | 내가 단맛을 별로 안 좋아할 때
□ 내 입엔 너무 달아.

15 | 단맛과 신맛이 동시에 느껴질 때
□ 새콤달콤한데.

16 | 단맛과 쓴맛이 동시에 느껴질 때
□ 달콤 쌉쌀한 맛이 나네.

17 | 기름기 때문에 속이 니글거릴 때
□ 너무 느끼해.

18 | 음식 맛이 입에 착착 감길 때
□ 감칠맛 난다.

19 | 깊은 맛과 풍미가 느껴질 때
□ 맛이 진하고 풍부해.

20 | 음식의 맛이 특이할 때
□ 독특한 맛이 나.

※ 정답은 〈영어회화 암기장〉 055-056를 확인하세요.

1 | 음식이 정말 맛있을 때

정말 맛있다!

(a) It's awful!
(b) It's fantastic!
(c) It's slimy!

2 | 방금 끝낸 식사가 매우 맛있고 만족스러워 칭찬하고 싶을 때

훌륭한 식사였어.

(a) It was an excellent meal.
(b) It was a profitable meal.
(c) It was a main meal.

3 | 음식을 먹은 후 여운이 좋을 때

끝맛이 좋은데.

(a) It has a good lasting taste.
(b) It has a good smiling taste.
(c) It has a good aftertaste.

4 | 음식의 향에 거부감이 느껴질 때

난 저 향이 싫어.

(a) I don't like the aroma.
(b) I don't like the stink.
(c) I don't like the stench.

5 | 물을 너무 많이 넣고 밥을 했을 때

밥이 질어.

(a) The rice is slushy.
(b) The rice is mushy.
(c) The rice is wobbly.

6 | 탄산음료를 따라뒀더니 김이 빠졌을 때

김이 빠졌어.

(a) It's gone flat.
(b) The carbon is off.
(c) It has vanished.

7 | 국물 맛이 개운할 때

국물이 시원하다!

(a) The broth is devastatingly hot!
(b) The broth is burning up my chest!
(c) The broth is refreshing!

8 | 시간이 지나면서 국수가 불었을 때

내 국수가 불어 터졌어.

(a) My noodles have gone chubby.
(b) My noodles have gone soggy.
(c) My noddles have gone barmy.

9 | 같이 먹으면 더 맛있는 음식에 대해 이야기할 때

쌀밥은 김이랑 잘 어울려.

(a) Rice goes along with seaweed.
(b) Rice goes well with laver.
(c) Rice goes around with sea mustard.

10 | 커피가 식었을 때

커피가 미지근해.

(a) The taste of coffee is dead.
(b) The coffee is vague.
(c) The coffee is lukewarm.

11 | 음식을 가려서 먹는 스타일일 때

내가 입맛이 까다로워.

(a) I'm a narrow eater.
(b) I'm a shallow eater.
(c) I'm a picky eater.

12 | 2~3인분은 거뜬히 먹는 스타일일 때

나는 대식가야.

(a) I have a big mouth.
(b) I have a big plate.
(c) I have a big appetite.

13 | 간식을 달고 사는 사람일 때

쟤는 군것질을 너무 좋아해.

(a) He is crazy about jamborees.
(b) He loves snacking.
(c) He is a cookie monster.

14 | 단 음식을 즐기는 스타일일 때

난 단것을 좋아해.

(a) I have a sugary tooth.
(b) I have a sweet tooth.
(c) I have a candy tooth.

15 | 특정 음식이 몸에 안 받는다고 할 때

난 날 생선은 못 먹어.

(a) Raw fish doesn't agree with me.
(b) Sushi is poison to me.
(c) Sashimi is allergic to me.

16 | 채식만 한다고 할 때

나는 채식주의자야.

(a) I'm a green person.
(b) I have vegetable fingers.
(c) I'm a vegetarian.

17 | 커피 농도에 대한 취향을 말할 때

난 진한 커피를 좋아해.

(a) I like strong coffee.
(b) I like deep coffee.
(c) I like dark coffee.

18 | 커피보다는 차를 즐긴다면

난 주로 녹차를 마셔.

(a) I usually drink green tea.
(b) I seldom drink green tea.
(c) I rarely drink green tea.

19 | 더 선호하는 음료를 말할 때

난 커피보다 홍차를 좋아해.

(a) I bet black tea over coffee.
(b) I prefer black tea to coffee.
(c) I taste black tea with coffee.

20 | 내가 차를 즐기는 이유를 말할 때

차는 내 기분을 안정시켜줘.

(a) Tea arrests my nerves.
(b) Tea presses down my nerves.
(c) Tea calms my nerves.

정답 1 (b) 2 (a) 3 (c) 4 (a) 5 (b) 6 (a) 7 (c) 8 (b) 9 (b) 10 (c) 11 (c) 12 (c) 13 (b) 14 (b) 15 (a) 16 (c) 17 (a) 18 (a) 19 (b) 20 (c)

1 | 음식이 정말 맛있을 때

☐ 정말 맛있다!

2 | 방금 끝낸 식사가 매우 맛있고 만족스러워 칭찬하고 싶을 때

☐ 훌륭한 식사였어.

3 | 음식을 먹은 후 여운이 좋을 때

☐ 끝맛이 좋은데.

4 | 음식의 향에 거부감이 느껴질 때

☐ 난 저 향이 싫어.

5 | 물을 너무 많이 넣고 밥을 했을 때

☐ 밥이 질어.

6 | 탄산음료를 따라뒀더니 김이 빠졌을 때

☐ 김이 빠졌어.

7 | 국물 맛이 개운할 때

☐ 국물이 시원하다!

8 | 시간이 지나면서 국수가 불었을 때

☐ 내 국수가 불어 터졌어.

9 | 같이 먹으면 더 맛있는 음식에 대해 이야기할 때

☐ 쌀밥은 김이랑 잘 어울려.

10 | 커피가 식었을 때

☐ 커피가 미지근해.

11 | 음식을 가려서 먹는 스타일일 때

☐ 내가 입맛이 까다로워.

12 | 2~3인분은 거뜬히 먹는 스타일일 때

☐ 나는 대식가야.

13 | 간식을 달고 사는 사람일 때

☐ 쟤는 군것질을 너무 좋아해.

14 | 단 음식을 즐기는 스타일일 때

☐ 난 단것을 좋아해.

15 | 특정 음식이 몸에 안 받는다고 할 때

☐ 난 날 생선은 못 먹어.

16 | 채식만 한다고 할 때

☐ 나는 채식주의자야.

17 | 커피 농도에 대한 취향을 말할 때

☐ 난 진한 커피를 좋아해.

18 | 커피보다는 차를 즐긴다면

☐ 난 주로 녹차를 마셔.

19 | 더 선호하는 음료를 말할 때

☐ 난 커피보다 홍차를 좋아해.

20 | 내가 차를 즐기는 이유를 말할 때

☐ 차는 내 기분을 안정시켜줘.

1 | 허기져서 죽을 것 같을 때
배고파 죽겠어.

(a) I'm starving.
(b) I'm howling.
(c) I'm growling.

2 | 뱃속에서 배고프다고 신호를 보낼 때
배에서 꼬르륵 소리가 나.

(a) My bowl is moving.
(b) My belly is crying.
(c) My stomach is growling.

3 | 특정 음식이 너무 먹고 싶을 때
피자가 당겨.

(a) I taste pizza.
(b) I pull pizza.
(c) I crave pizza.

4 | 질병·스트레스 등으로 식욕이 없을 때
입맛이 없어.

(a) I've lost my oral sense.
(b) I've lost my appetite.
(c) I've lost my taste buds.

5 | 간단하게 끼니를 때우자고 할 때
뭐 좀 간단히 먹자.

(a) How about a tip?
(b) Let's grab a bite.
(c) Let's get some small food.

6 | 밥을 식당에서 사 먹자고 할 때
외식하자.

(a) Let's eat out.
(b) Let's eat away.
(c) Let's eat off.

7 | 메뉴를 제안할 때
중국 음식 어때?

(a) Does the Chinese palate suit you?
(b) How about Chinese?
(c) How's the Chinese cuisine?

8 | 식당에서 먹지 않고 테이크아웃하자고 할 때
초밥을 포장해 가자.

(a) Let's get some sushi to go.
(b) We should take out sashimi.
(c) Bring out the raw fish.

9 | 새로 문을 연 식당을 가리키며
여기 새로 생겼어.

(a) It just opened.
(b) It just sprang up.
(c) It's just a new brand.

10 | 맛있는 음식을 먹고 싶을 때
맛집 좀 찾아줘.

(a) Get me a tasty restaurant.
(b) Find me a great restaurant.
(c) Search a delicious dinner for me.

11 | 줄 서서 기다리는 사람들이 많을 때
얼마나 기다려야 하나요?

(a) What is the line?
(b) How much is the time?
(c) How long is the wait?

12 | 식당의 전문 메뉴를 물어볼 때
이 집에서 잘하는 게 뭐죠?

(a) What's today's menu?
(b) What's the house specialty?
(c) What's your bestseller?

13 | 주문하면서 몇 인분인지 말할 때
삼겹살 2인분 주세요.

(a) Two servings of pork belly.
(b) Two persons with pork belly.
(c) Two mouthfuls of pork belly.

14 | 옆 사람과 같은 메뉴를 시킬 때
저도 같은 걸로 주세요.

(a) I'll equal that.
(b) I'll have the same.
(c) Makes no difference to me.

15 | 많은 양을 먹고 싶을 때
곱빼기로 주세요.

(a) Multiply it by two.
(b) Give me that twice.
(c) Make it a double.

16 | 특정 재료를 넣지 말라고 요청할 때
양파는 빼주세요.

(a) Take the onions.
(b) Hold the onions.
(c) Cut away the onions.

17 | 원하는 음료를 고를 때
그냥 레모네이드로 할래.

(a) I'll probably get lemonade.
(b) I'll just have lemonade.
(c) I must take the lemonade.

18 | 콜라·사이다 같은 음료를 원할 때
탄산음료 있나요?

(a) Do you have non-dairy drinks?
(b) Do you have soda?
(c) Do you have fuzzy drinks?

19 | 물을 직접 갖다 먹어야 할 때
물은 셀프예요.

(a) Water is self-served.
(b) Water is not served.
(c) Water is selfish.

20 | 식당에서 서비스로 음식을 줄 때
이건 서비스입니다.

(a) It's on the table.
(b) It's on my lap.
(c) It's on the house.

정답 1 (a) 2 (c) 3 (c) 4 (b) 5 (b) 6 (a) 7 (b) 8 (a) 9 (a) 10 (b) 11 (c) 12 (b) 13 (a) 14 (b) 15 (c) 16 (b) 17 (b) 18 (b) 19 (a) 20 (c)

실전 회화는 보기가 없습니다. 이번엔 혼자 힘으로 영어 말하기에 도전하세요.

☑ 말하기 성공 ㅣ ☐ 조금 헷갈림 ㅣ ☒ 모르겠음

1 | 허기져서 죽을 것 같을 때

☐ 배고파 죽겠어.

2 | 뱃속에서 배고프다고 신호를 보낼 때

☐ 배에서 꼬르륵 소리가 나.

3 | 특정 음식이 너무 먹고 싶을 때

☐ 피자가 당겨.

4 | 질병·스트레스 등으로 식욕이 없을 때

☐ 입맛이 없어.

5 | 간단하게 끼니를 때우자고 할 때

☐ 뭐 좀 간단히 먹자.

6 | 밥을 식당에서 사 먹자고 할 때

☐ 외식하자.

7 | 메뉴를 제안할 때

☐ 중국 음식 어때?

8 | 식당에서 먹지 않고 테이크아웃하자고 할 때

☐ 초밥을 포장해 가자.

9 | 새로 문을 연 식당을 가리키며

☐ 여기 새로 생겼어.

10 | 맛있는 음식을 먹고 싶을 때

☐ 맛집 좀 찾아줘.

11 | 줄 서서 기다리는 사람들이 많을 때

☐ 얼마나 기다려야 하나요?

12 | 식당의 전문 메뉴를 물어볼 때

☐ 이 집에서 잘하는 게 뭐죠?

13 | 주문하면서 몇 인분인지 말할 때

☐ 삼겹살 2인분 주세요.

14 | 옆 사람과 같은 메뉴를 시킬 때

☐ 저도 같은 걸로 주세요.

15 | 많은 양을 먹고 싶을 때

☐ 곱빼기로 주세요.

16 | 특정 재료를 넣지 말라고 요청할 때

☐ 양파는 빼주세요.

17 | 원하는 음료를 고를 때

☐ 그냥 레모네이드로 할래.

18 | 콜라·사이다 같은 음료를 원할 때

☐ 탄산음료 있나요?

19 | 물을 직접 갖다 먹어야 할 때

☐ 물은 셀프예요.

20 | 식당에서 서비스로 음식을 줄 때

☐ 이건 서비스입니다.

※ 정답은 〈영어회화 암기장〉 059-060를 확인하세요.

1 | 삽으로 파듯 마음껏 먹자고 할 때

어서 먹자.

(a) Let's dig out.
(b) Let's dig under.
(c) Let's dig in.

2 | 집주인이 손님에게 음식을 대접하며

마음껏 드세요.

(a) Please dig yourself.
(b) Please open yourself.
(c) Please help yourself.

3 | 음식을 보고 침이 고일 때

군침 도네.

(a) My spit is flowing.
(b) My mouth is watering.
(c) My tongue is rolling up.

4 | 베어 먹지 말고 한 입에 먹으라고 알려줄 때

한 입에 먹어.

(a) One bite at a time.
(b) Swallow it at once.
(c) Eat it in one bite.

5 | 옆 사람 음식을 맛보고 싶을 때

한 입만 줄래?

(a) I'd like a mouthful.
(b) Can I have a bite?
(c) Can you lend me your food?

6 | 음료수를 한 모금만 마신다고 할 때

딱 한 모금만.

(a) Just a sip.
(b) Only one round.
(c) Limited drinking only.

7 | 음식을 더 먹고 싶을 때

한 그릇 더 주세요.

(a) One more disc, please.
(b) Another helping, please.
(c) An extra dish, please.

8 | 식사가 끝난 후 계산서를 요청할 때

계산서 좀 주시겠어요?

(a) Check, please.
(b) Cash, please.
(c) Receipt, please.

9 | 쿠폰 기간이 유효한지 확인할 때

이 쿠폰이 유효한가요?

(a) Is this coupon valid?
(b) Do I still have a date?
(c) Would you check the guarantee?

10 | 먹은 것을 각자 계산하자고 할 때

각자 내자.

(a) Let's go our separate ways.
(b) We'll split the wallet.
(c) Let's go Dutch.

11 | 사실은 키가 크지 않다고 말할 때

걔는 170cm도 안 돼.

(a) He's just 170 cm tall.
(b) He's not even 170 cm tall.
(c) He's barely 170 cm tall.

12 | 1년에 얼마나 컸는지 말할 때

걔는 1년에 10cm 컸어.

(a) She grew 10 cm in a year.
(b) She inched 10 cm forward this year.
(c) She went up 10 cm per year.

13 | 오랜만에 본 아이가 쑥 자랐을 때

많이 컸구나!

(a) Look how you've been!
(b) Look how you've expanded!
(c) Look how you've grown!

14 | 살이 좀 찐 체형일 때

걔는 약간 통통해.

(a) He's a bit quirky.
(b) He's a bit chubby.
(c) He's a bit unstable.

15 | 다부지고 탄탄한 몸을 가지고 있을 때

걔는 체격이 좋아.

(a) He's well-built.
(b) He's well-bred.
(c) He's well-born.

16 | 평균 키에 날씬한 몸매일 때

걔는 키가 보통이고 날씬해.

(a) She's normal and skinny.
(b) She's of medium height and slim.
(c) Her weight is medium, and height is light.

17 | 눈에 쌍꺼풀이 있을 때

걔는 쌍꺼풀이 있어.

(a) She has double eyebrows.
(b) She has double eyelashes.
(c) She has double eyelids.

18 | 웃을 때마다 보조개가 보일 때

걔는 보조개가 있어.

(a) He has add-ons.
(b) He has pimples.
(c) He has dimples.

19 | 복부지방 때문에 배가 나왔을 때

그는 배가 나왔어.

(a) He's got a pot belly.
(b) He's got a mountain belly.
(c) He's got a piggy belly.

20 | 초콜릿 복근에 감탄할 때

그 남자 복근이 끝내줘.

(a) He owns the abdomen.
(b) He's got killer abs.
(c) He has a belly made of chocolate.

정답 1 (c) 2 (c) 3 (b) 4 (c) 5 (b) 6 (a) 7 (b) 8 (a) 9 (a) 10 (c) 11 (b) 12 (a) 13 (c) 14 (b) 15 (a) 16 (b) 17 (c) 18 (c) 19 (a) 20 (b)

1 | 삽으로 파듯 마음껏 먹자고 할 때
☐ 어서 먹자.

2 | 집주인이 손님에게 음식을 대접하며
☐ 마음껏 드세요.

3 | 음식을 보고 침이 고일 때
☐ 군침 도네.

4 | 베어 먹지 말고 한 입에 먹으라고 알려줄 때
☐ 한 입에 먹어.

5 | 옆 사람 음식을 맛보고 싶을 때
☐ 한 입만 줄래?

6 | 음료수를 한 모금만 마신다고 할 때
☐ 딱 한 모금만.

7 | 음식을 더 먹고 싶을 때
☐ 한 그릇 더 주세요.

8 | 식사가 끝난 후 계산서를 요청할 때
☐ 계산서 좀 주시겠어요?

9 | 쿠폰 기간이 유효한지 확인할 때
☐ 이 쿠폰이 유효한가요?

10 | 먹은 것을 각자 계산하자고 할 때
☐ 각자 내자.

11 | 사실은 키가 크지 않다고 말할 때
☐ 걔는 170cm도 안 돼.

12 | 1년에 얼마나 컸는지 말할 때
☐ 걔는 1년에 10cm 컸어.

13 | 오랜만에 본 아이가 쑥 자랐을 때
☐ 많이 컸구나!

14 | 살이 좀 찐 체형일 때
☐ 걔는 약간 통통해.

15 | 다부지고 탄탄한 몸을 가지고 있을 때
☐ 걔는 체격이 좋아.

16 | 평균 키에 날씬한 몸매일 때
☐ 걔는 키가 보통이고 날씬해.

17 | 눈에 쌍꺼풀이 있을 때
☐ 걔는 쌍꺼풀이 있어.

18 | 웃을 때마다 보조개가 보일 때
☐ 걔는 보조개가 있어.

19 | 복부지방 때문에 배가 나왔을 때
☐ 그는 배가 나왔어.

20 | 초콜릿 복근에 감탄할 때
☐ 그 남자 복근이 끝내줘.

※ 정답은 〈영어회화 암기장〉 061-062를 확인하세요.

1 ㅣ 최근 들어 몸에 살이 붙었을 때

나 살쪘어.

(a) I've gained weight.
(b) I've made weight.
(c) I've put in weight.

2 ㅣ 최근 들어 몸에 살이 붙었을 때

나 살이 좀 쪘어.

(a) I've ate up some flesh.
(b) I've put on some weight.
(c) I've sucked up some body fat.

3 ㅣ 비만의 정도가 심할 상태일 때

나 고도비만이야.

(a) I have a fat body.
(b) I'm extremely obese.
(c) I'm mega big.

4 ㅣ 머리카락이 자꾸 빠질 때

머리가 빠지고 있어.

(a) I'm losing my hair.
(b) My hair is falling down.
(c) The headline is losing.

5 ㅣ 앞머리가 빠져 이마가 점점 넓어질 때

머리가 벗겨지고 있어.

(a) My hair is going bald.
(b) My hairline is receding.
(c) My forehead is peeling off.

6 ㅣ 거칠고 뻣뻣한 머릿결이 불만일 때

난 머릿결이 너무 안 좋아.

(a) The hair is too weak.
(b) My hair is so rough.
(c) My hair is too drippy.

7 ㅣ 머리카락이 가늘어 힘이 없을 때

난 머리카락이 가늘어.

(a) I have fine hair.
(b) I have small hair.
(c) I have tiny hair.

8 ㅣ 흰머리가 발견됐을 때

흰머리가 나고 있어.

(a) I'm getting snowy.
(b) I'm going gray.
(c) I'm going white.

9 ㅣ 눈 주위에 자잘한 주름이 생겼을 때

눈가에 잔주름이 생겼어.

(a) I have pigeon's feet.
(b) I have magpie's feet.
(c) I have crow's feet.

10 ㅣ 얼굴에 기미가 발견됐을 때

기미가 끼고 있어.

(a) I'm getting manicures.
(b) I'm getting polka dots.
(c) I'm getting liver spots.

11 ㅣ 나이를 대충 얼버무려서 말할 때

난 20대 후반이야.

(a) My age is over twenties.
(b) My twenties is bent.
(c) I'm in my late twenties.

12 ㅣ 곧 다가올 나이를 말할 때

낼 모레가 서른이야.

(a) I'm pushing thirty.
(b) I'm pulling thirty.
(c) I'm making thirty.

13 ㅣ 해가 바뀌거나 생일이 되어 나이가 막 바뀌었을 때

서른이 됐어.

(a) I've turned thirty.
(b) I've equaled thirty.
(c) I've timed thirty.

14 ㅣ 오랜만에 만난 친구가 나이 들어 보이지 않을 때

너 하나도 안 늙었다!

(a) You don't look any age!
(b) Age has stolen you!
(c) You haven't aged a bit!

15 ㅣ 나이에 비해 얼굴이 어려 보일 때

너 동안이다.

(a) You have a round face.
(b) You have a baby face.
(c) You have a puppy face.

16 ㅣ 나이에 비해 인상이 젊어 보일 때

넌 나이에 비해 젊어 보여.

(a) You have no age.
(b) You look young for your age.
(c) The age has forgiven you.

17 ㅣ 나보다 몇 살 많은지 말할 때

그는 저보다 4살 많아요.

(a) He's four years over me.
(b) He's four years older than me.
(c) He's four years better than me.

18 ㅣ 나이가 나랑 같을 때

우리 동갑이네요.

(a) You're my lifetime.
(b) We're the same age.
(c) We're the same number.

19 ㅣ 나이에 큰 의미를 두지 않을 때

나이는 숫자에 불과해.

(a) Age is just a calendar.
(b) Age is just a calculation.
(c) Age is just a number.

20 ㅣ 나이 든 것을 몸으로 체감할 때

나이는 못 속여.

(a) I can't play a trick on time.
(b) Age can't be a fool.
(c) I'm feeling my age.

정답 1 (a) 2 (b) 3 (b) 4 (a) 5 (b) 6 (b) 7 (a) 8 (b) 9 (c) 10 (c) 11 (c) 12 (a) 13 (a) 14 (c) 15 (b) 16 (b) 17 (b) 18 (b) 19 (c) 20 (c)

1 | 최근 들어 몸에 살이 붙었을 때
☐ 나 살쪘어.

2 | 최근 들어 몸에 살이 붙었을 때
☐ 나 살이 좀 쪘어.

3 | 비만의 정도가 심할 상태일 때
☐ 나 고도비만이야.

4 | 머리카락이 자꾸 빠질 때
☐ 머리가 빠지고 있어.

5 | 앞머리가 빠져 이마가 점점 넓어질 때
☐ 머리가 벗겨지고 있어.

6 | 거칠고 뻣뻣한 머릿결이 불만일 때
☐ 난 머릿결이 너무 안 좋아.

7 | 머리카락이 가늘어 힘이 없을 때
☐ 난 머리카락이 가늘어.

8 | 흰머리가 발견됐을 때
☐ 흰머리가 나고 있어.

9 | 눈 주위에 자잘한 주름이 생겼을 때
☐ 눈가에 잔주름이 생겼어.

10 | 얼굴에 기미가 발견됐을 때
☐ 기미가 끼고 있어.

11 | 나이를 대충 얼버무려서 말할 때
☐ 난 20대 후반이야.

12 | 곧 다가올 나이를 말할 때
☐ 낼 모레가 서른이야.

13 | 해가 바뀌거나 생일이 되어 나이가 막 바뀌었을 때
☐ 서른이 됐어.

14 | 오랜만에 만난 친구가 나이 들어 보이지 않을 때
☐ 너 하나도 안 늙었다!

15 | 나이에 비해 얼굴이 어려 보일 때
☐ 너 동안이다.

16 | 나이에 비해 인상이 젊어 보일 때
☐ 넌 나이에 비해 젊어 보여.

17 | 나보다 몇 살 많은지 말할 때
☐ 그는 저보다 4살 많아요.

18 | 나이가 나랑 같을 때
☐ 우리 동갑이네요.

19 | 나이에 큰 의미를 두지 않을 때
☐ 나이는 숫자에 불과해.

20 | 나이 든 것을 몸으로 체감할 때
☐ 나이는 못 속여.

※ 정답은 〈영어회화 암기장〉 063-064를 확인하세요.

1 | 마땅히 입을 만한 옷이 없을 때

입을 옷이 하나도 없네.

(a) I have only a body.
(b) Nothing fits my clothes.
(c) I have nothing to wear.

2 | 신경 써서 옷을 입은 사람에게

멋지게 차려 입었네!

(a) You're all dressed up!
(b) You're all dressed down!
(c) You're all dressed out!

3 | 넥타이가 옷과 안 어울려서 거슬릴 때

너 넥타이가 너무 튄다.

(a) Your tie is too sticking out.
(b) Your tie is too loud.
(c) Your tie is too strong.

4 | 유행을 민감하게 따르는 타입일 때

난 유행하는 옷을 입어.

(a) I'm wearing fashion.
(b) I wear what's in fashion.
(c) Fashion wears me.

5 | 특정 옷을 입으니 멋져 보일 때

그 옷이 너한테 잘 어울린다.

(a) That dress looks good on you.
(b) You're wearing a fitting dress.
(c) Your dress and you are the same.

6 | 특정 색이 잘 받을 때

너 분홍색이 잘 어울린다.

(a) Pink is a good color.
(b) You look good in pink.
(c) Pink is good in you.

7 | 패션 감각이 있어서 옷을 잘 고를 때

옷에 대한 안목이 있구나.

(a) You have a good eyeball in clothes.
(b) You have an eye on clothes.
(c) You have good taste in clothes.

8 | 항상 옷을 맵시 있게 입을 때

쟤는 옷을 잘 입어.

(a) She's a clothes meister.
(b) She's a fashion stylist.
(c) She's a sharp dresser.

9 | 체형이 좋아 옷이 멋져 보일 때

옷 태가 산다.

(a) You have the balance.
(b) You make the clothes look good.
(c) It emphasizes your body.

10 | 독특한 옷인데도 잘 어울릴 때

너니까 소화한다.

(a) Only you can pull that off.
(b) Only you can put that off.
(c) Only you can pull that on.

11 | 미용실에 다녀왔다고 할 때

나 머리 했어.

(a) I had my hair done.
(b) I made my hair.
(c) My head is new.

12 | 특정 머리 스타일이 어울릴 때

넌 단발머리가 어울려.

(a) The bob cut suits you.
(b) The mini hair suits you.
(c) The short bang suits you.

13 | 머리숱이 많고 탄력 있을 때

너 머리숱 진짜 많다.

(a) You have large hair.
(b) You have big hair.
(c) You have thick hair.

14 | 머리를 염색하고 나타났을 때

머리를 빨갛게 염색했네!

(a) You're a red person now!
(b) You dyed your hair red!
(c) You twitched your red hair!

15 | 커트만 해달라고 할 때

그냥 잘라만 주세요.

(a) Just a wage cut.
(b) Just a haircut.
(c) Just a hairdo.

16 | 머리를 전체적으로 살짝살짝 치면서 다듬어 달라고 할 때

전체적으로 다듬어 주세요.

(a) Mower it all over.
(b) Trim it all over.
(c) Brush it all over.

17 | 이마를 덮은 앞머리를 그대로 두고 싶을 때

앞머리는 자르지 마세요.

(a) Leave my bangs.
(b) Don't cut my sideburns.
(c) Don't touch my toupee.

18 | 파마를 해달라고 할 때

파마를 하고 싶어서요.

(a) Give me a permanent burn.
(b) I want a permanent job.
(c) I'd like to get a perm.

19 | 숱이 너무 많아서 솎아달라고 할 때

숱을 쳐 주세요.

(a) Slash my hair.
(b) Thin out my hair.
(c) Tweak my hair.

20 | 두피 케어까지 받고 싶을 때

두피 마사지 해주세요.

(a) I'd like a scalp massage.
(b) Give me a hair scrub.
(c) Could you skin my head?

정답 1 (c) 2 (a) 3 (b) 4 (b) 5 (a) 6 (b) 7 (c) 8 (c) 9 (b) 10 (a) 11 (a) 12 (a) 13 (c) 14 (b) 15 (b) 16 (b) 17 (a) 18 (c) 19 (b) 20 (a)

1 | 마땅히 입을 만한 옷이 없을 때
☐ 입을 옷이 하나도 없네.

2 | 신경 써서 옷을 입은 사람에게
☐ 멋지게 차려 입었네!

3 | 넥타이가 옷과 안 어울려서 거슬릴 때
☐ 너 넥타이가 너무 튄다.

4 | 유행을 민감하게 따르는 타입일 때
☐ 난 유행하는 옷을 입어.

5 | 특정 옷을 입으니 멋져 보일 때
☐ 그 옷이 너한테 잘 어울린다.

6 | 특정 색이 잘 받을 때
☐ 너 분홍색이 잘 어울린다.

7 | 패션 감각이 있어서 옷을 잘 고를 때
☐ 옷에 대한 안목이 있구나.

8 | 항상 옷을 맵시 있게 입을 때
☐ 쟤는 옷을 잘 입어.

9 | 체형이 좋아 옷이 멋져 보일 때
☐ 옷 태가 산다.

10 | 독특한 옷인데도 잘 어울릴 때
☐ 너니까 소화한다.

11 | 미용실에 다녀왔다고 할 때
☐ 나 머리 했어.

12 | 특정 머리 스타일이 어울릴 때
☐ 넌 단발머리가 어울려.

13 | 머리숱이 많고 탄력 있을 때
☐ 너 머리숱 진짜 많다.

14 | 머리를 염색하고 나타났을 때
☐ 머리를 빨갛게 염색했네!

15 | 커트만 해달라고 할 때
☐ 그냥 잘라만 주세요.

16 | 머리를 전체적으로 살짝살짝 치면서 다듬어 달라고 할 때
☐ 전체적으로 다듬어 주세요.

17 | 이마를 덮은 앞머리를 그대로 두고 싶을 때
☐ 앞머리는 자르지 마세요.

18 | 파마를 해달라고 할 때
☐ 파마를 하고 싶어서요.

19 | 숱이 너무 많아서 쳐달라고 할 때
☐ 숱을 쳐 주세요.

20 | 두피 케어까지 받고 싶을 때
☐ 두피 마사지 해주세요.

※ 정답은 〈영어회화 암기장〉 065-066를 확인하세요.

1 | 외출하기 위해 꾸몄을 때

나 화장했어.

(a) I've put on some makeup.
(b) I turned on my cosmetics.
(c) I applied my aesthetics.

2 | 화장이 너무 과해서 보기 안 좋을 때

너 화장이 너무 진한데.

(a) Your makeup is too dark.
(b) You've put on too strong makeup.
(c) You've put on too much makeup.

3 | 매일 쓰던 화장품이 바닥났을 때

스킨이 다 떨어졌어.

(a) I don't have skin.
(b) I'm short of cosmetic alcohol.
(c) I ran out of skin toner.

4 | 볼에 색조화장을 할 때

여기에 볼터치를 칠해봐.

(a) Plaster some blush here.
(b) Apply blush here.
(c) Paint your blush here.

5 | 화장이 잘 안 받았을 때

화장이 뜨네.

(a) My makeup is not sticking.
(b) My makeup is not glued on.
(c) My makeup is not rooted down.

6 | 미용 기술로 외모를 가꾸라고 제안할 때

너 변신 좀 해야겠다.

(a) You need a makeover.
(b) A cosmetic turnover is necessary.
(c) Aesthetics should be applied.

7 | 피부 상태가 안 좋을 때나 좋은 상태를 유지하고 싶을 때

피부관리를 받아볼까 봐.

(a) I'm thinking of managing my skin.
(b) I'm thinking of servicing my skin.
(c) I'm thinking of going to see an esthetician.

8 | 코 성형을 계획하고 있을 때

나 코 (수술)할 거야.

(a) I'm going to leave my nose under the knife.
(b) I'm going to have my nose done.
(c) I'm going to have my nose doctored.

9 | 쌍꺼풀 수술을 했을 때

쟤 쌍꺼풀 수술했어.

(a) She got double eyelid surgery.
(b) She made double eyelid done.
(c) She had her double eyelid sculptured.

10 | 성형에 중독된 것처럼 보이는 경우를 두고 말할 때

쟤는 성형중독이야.

(a) She's addicted to beauty surgery.
(b) She's addicted to plastic surgery.
(c) She's addicted to natural surgery.

11 | 매일 규칙적으로 근력운동 등을 할 때

나 매일 운동해.

(a) I work out every day.
(b) I work inside every day.
(c) I work around every day.

12 | 새로운 운동을 시작했을 때

요가를 시작했어.

(a) I've made up yoga.
(b) I've taken up yoga.
(c) I've interrupted yoga.

13 | 운동을 안 해서 몸이 안 좋을 때

운동 부족이야.

(a) I lack stamina.
(b) I exercise sufficiently.
(c) I don't get enough exercise.

14 | 매일 양팔을 휘저으며 큰 보폭으로 빨리 걷기를 할 때

빠르게 걷기를 매일 해.

(a) I go mega walking every day.
(b) I go ultra walking every day.
(c) I go power walking every day.

15 | 다이어트를 위해 칼로리 소모가 다급할 때

칼로리를 소모해야 해.

(a) I need to burn calories.
(b) I need to heat up calories.
(c) I need to destroy calories.

16 | 몸과 마음을 단련시켜주는 명상을 즐길 때

명상을 자주 해.

(a) I wonder a lot.
(b) I meditate a lot.
(c) I close my eyes a lot.

17 | 요즘 다이어트를 하고 있을 때

다이어트 중이야.

(a) I'm on a diet.
(b) I'm in a diet.
(c) I'm under a diet.

18 | 다이어트를 위해서 저녁을 계속 안 먹는 중일 때

저녁을 계속 굶고 있어.

(a) I've been over dinner.
(b) I've been shrinking dinner.
(c) I've been skipping dinner.

19 | 노력해서 체중을 줄였을 때

5킬로 뺐어.

(a) I've cut off 5 kilograms.
(b) I've melted 5 kilograms.
(c) I've lost 5 kilograms.

20 | 급격히 뺐던 살이 금세 다시 쪘을 때

요요현상이야.

(a) It's the yo-yo effect.
(b) It's the yo-yo trend.
(c) It's the yo-yo fashion.

정답 1 (a) 2 (c) 3 (c) 4 (b) 5 (a) 6 (a) 7 (c) 8 (b) 9 (a) 10 (b) 11 (a) 12 (b) 13 (c) 14 (c) 15 (a) 16 (b) 17 (a) 18 (c) 19 (c) 20 (a)

1 | 외출하기 위해 꾸몄을 때

☐ 나 화장했어.

2 | 화장이 너무 과해서 보기 안 좋을 때

☐ 너 화장이 너무 진한데.

3 | 매일 쓰던 화장품이 바닥났을 때

☐ 스킨이 다 떨어졌어.

4 | 볼에 색조화장을 할 때

☐ 여기에 볼터치를 칠해봐.

5 | 화장이 잘 안 받았을 때

☐ 화장이 뜨네.

6 | 미용 기술로 외모를 가꾸라고 제안할 때

☐ 너 변신 좀 해야겠다.

7 | 피부 상태가 안 좋을 때나 좋은 상태를 유지하고 싶을 때

☐ 피부관리를 받아볼까 봐.

8 | 코 성형을 계획하고 있을 때

☐ 나 코 (수술)할 거야.

9 | 쌍꺼풀 수술을 했을 때

☐ 쟤 쌍꺼풀 수술했어.

10 | 성형에 중독된 것처럼 보이는 경우를 두고 말할 때

☐ 쟤는 성형중독이야.

11 | 매일 규칙적으로 근력운동 등을 할 때

☐ 나 매일 운동해.

12 | 새로운 운동을 시작했을 때

☐ 요가를 시작했어.

13 | 운동을 안 해서 몸이 안 좋을 때

☐ 운동 부족이야.

14 | 매일 양팔을 휘저으며 큰 보폭으로 빨리 걷기를 할 때

☐ 빠르게 걷기를 매일 해.

15 | 다이어트를 위해 칼로리 소모가 다급할 때

☐ 칼로리를 소모해야 해.

16 | 몸과 마음을 단련시켜주는 명상을 즐길 때

☐ 명상을 자주 해.

17 | 요즘 다이어트를 하고 있을 때

☐ 다이어트 중이야.

18 | 다이어트를 위해서 저녁을 계속 안 먹는 중일 때

☐ 저녁을 계속 굶고 있어.

19 | 노력해서 체중을 줄였을 때

☐ 5킬로 뺐어.

20 | 급격히 뺐던 살이 금세 다시 쪘을 때

☐ 요요현상이야.

※ 정답은 〈영어회화 암기장〉 067-068를 확인하세요.

1 | 피곤하거나 건조해서 입술이 텄을 때

입술이 텄어.

(a) I have chapped lips.
(b) I have sealed lips.
(c) I have puffed lips.

2 | 코에서 피가 흐를 때

코피가 나.

(a) I've got a nosebleed.
(b) There's blood inside my nose.
(c) My nose is watering blood.

3 | 재채기가 많이 나올 때

자꾸 재채기가 나.

(a) I keep sneezing.
(b) I'm sneezing off and on.
(c) I keep spitting a lot.

4 | 특정 물질·음식에 몸이 이상하게 반응할 때

난 알레르기성 체질이야.

(a) I'm next to allergies.
(b) I'm assigned to allergies.
(c) I'm prone to allergies.

5 | 아무리 쉬어도 피로가 가시지 않을 때

난 항상 피곤해.

(a) I feel swollen all the time.
(b) I feel cozy all the time.
(c) I feel tired all the time.

6 | 꾸준한 관리로 몸 상태가 좋을 때

난 컨디션이 아주 좋아.

(a) I'm in great shape.
(b) I'm a great case.
(c) I'm very good to my body.

7 | 병원에 가봐야 할 정도로 몸이 안 좋을 때

난 건강이 안 좋아.

(a) I'm in poor health.
(b) I'm in a bad body.
(c) My body type is a minus.

8 | 운동과 식단을 통해 건강을 챙기는 사람일 때

난 건강을 챙기는 스타일이야.

(a) I'm the health-fad type.
(b) I'm the health-knowing type.
(c) I'm the health-conscious type.

9 | 계속 마음이 무겁고 우울할 때

요즘 울적해.

(a) I feel black nowadays.
(b) I feel melancholy nowadays.
(c) I feel like a cloud nowadays.

10 | 머리가 무거워 정신이 흐릴 때

머리가 맑지 않아.

(a) My head feels fuzzy.
(b) My head feels numb.
(c) My head feels worn.

11 | 감기에 걸린 것 같을 때

감기 기운이 있어.

(a) I have a cold sip.
(b) I have a bit of a cold.
(c) It's a cold time for me.

12 | 독감에 걸렸을 때

독감에 걸렸어.

(a) I have the ice.
(b) I have the flu.
(c) I have a tick.

13 | 코에서 콧물이 흘러나올 때

콧물이 나와.

(a) My nose is overflowing.
(b) My nose is slowing down.
(c) My nose is running.

14 | 감기에 걸려 코가 답답하고 막힐 때

코가 막혔어.

(a) I have a sleepy nose.
(b) I have a stopped nose.
(c) I have a stuffy nose.

15 | 감기에 걸려 목구멍이 아플 때

목이 아파.

(a) I have a sore throat.
(b) I have a blocked throat.
(c) I have a twitching throat.

16 | 기침이 그치지 않고 계속될 때

기침이 멈추질 않네.

(a) I can't stop bluffing.
(b) I can't stop coughing.
(c) I can't stop puffing.

17 | 오한이 나서 몸이 벌벌 떨릴 때

몸이 마구 떨려.

(a) I'm waving like crazy.
(b) I'm shivering like crazy.
(c) I'm like a crazy leaf.

18 | 감기 기운이 있어서 으슬으슬 추울 때

몸이 으슬으슬 추워.

(a) I have the freeze.
(b) I have Siberia.
(c) I have the chills.

19 | 감기몸살로 삭신이 쑤실 때

온몸이 쑤셔.

(a) I'm aching all over.
(b) My whole body is gone.
(c) Pain is all over the place.

20 | 증세가 심해서 일어나지 못할 때

몸져누웠어.

(a) I'm laid up in bed.
(b) I'm locked up in bed.
(c) I'm trapped in bed.

정답 1 (a) 2 (a) 3 (a) 4 (c) 5 (c) 6 (a) 7 (a) 8 (c) 9 (b) 10 (a) 11 (b) 12 (b) 13 (c) 14 (c) 15 (a) 16 (b) 17 (b) 18 (c) 19 (a) 20 (a)

1 | 피곤하거나 건조해서 입술이 텄을 때
☐ 입술이 텄어.

2 | 코에서 피가 흐를 때
☐ 코피가 나.

3 | 재채기가 많이 나올 때
☐ 자꾸 재채기가 나.

4 | 특정 물질·음식에 몸이 이상하게 반응할 때
☐ 난 알레르기성 체질이야.

5 | 아무리 쉬어도 피로가 가시지 않을 때
☐ 난 항상 피곤해.

6 | 꾸준한 관리로 몸 상태가 좋을 때
☐ 난 컨디션이 아주 좋아.

7 | 병원에 가봐야 할 정도로 몸이 안 좋을 때
☐ 난 건강이 안 좋아.

8 | 운동과 식단을 통해 건강을 챙기는 사람일 때
☐ 난 건강을 챙기는 스타일이야.

9 | 계속 마음이 무겁고 우울할 때
☐ 요즘 울적해.

10 | 머리가 무거워 정신이 흐릴 때
☐ 머리가 맑지 않아.

11 | 감기에 걸린 것 같을 때
☐ 감기 기운이 있어.

12 | 독감에 걸렸을 때
☐ 독감에 걸렸어.

13 | 코에서 콧물이 흘러나올 때
☐ 콧물이 나와.

14 | 감기에 걸려 코가 답답하고 막힐 때
☐ 코가 막혔어.

15 | 감기에 걸려 목구멍이 아플 때
☐ 목이 아파.

16 | 기침이 그치지 않고 계속될 때
☐ 기침이 멈추질 않네.

17 | 오한이 나서 몸이 벌벌 떨릴 때
☐ 몸이 마구 떨려.

18 | 감기 기운이 있어서 으슬으슬 추울 때
☐ 몸이 으슬으슬 추워.

19 | 감기몸살로 삭신이 쑤실 때
☐ 온몸이 쑤셔.

20 | 증세가 심해서 일어나지 못할 때
☐ 몸져누웠어.

※ 정답은 〈영어회화 암기장〉 069-070를 확인하세요.

1 | 머리가 빙빙 도는 것 같을 때

어지러워.

(a) I feel like spinning.
(b) I feel busy.
(c) I feel dizzy.

2 | 이마가 뜨겁고 열이 날 때

열이 나.

(a) I'm running a fever.
(b) My head is heated.
(c) The heat is over my head.

3 | 머리의 한쪽에만 통증이 있을 때

편두통이 있어.

(a) I have a side-ache.
(b) I have a migraine.
(c) I have a seizure.

4 | 머릿속이 묵직해서 정신을 차리기 힘들 때

머리가 띵해.

(a) I have a dull brain.
(b) I have a dull headache.
(c) I have a dual headache.

5 | 두통이 심해서 머리가 쪼개질 것 같을 때

머리가 깨질 듯이 아파.

(a) Something's poking my brain.
(b) My head has been cut open.
(c) I have a splitting headache.

6 | 일반적으로 배가 아프다고 할 때

배가 아파.

(a) My stomach hurts.
(b) My belly is sour.
(c) I feel my stomach dying.

7 | 소화가 안 되고 배에 가스가 찼을 때

속이 더부룩해.

(a) I feel pumped up.
(b) I feel full.
(c) I feel bloated.

8 | 속이 안 좋아 구역질이 날 때

토할 것 같아.

(a) I feel like throwing over.
(b) I feel like throwing up.
(c) I feel like throwing down.

9 | 배탈이 나서 설사가 계속될 때

나 밤새 설사했어.

(a) The night angel visited me.
(b) I had diarrhea all night.
(c) My stomach has fainted.

10 | 변비가 있다고 할 때

난 변비가 있어.

(a) I am motivated.
(b) I am adjusted.
(c) I am constipated.

11 | 높은 곳에 올랐을 때 귀가 멍멍해지면

귀가 멍멍해.

(a) My ears are slapped.
(b) My ears are muffled.
(c) My ears are shot down.

12 | 외부 충격이나 신체 이상으로 귀가 울릴 때

귀가 울려.

(a) My ears are a jingle bell.
(b) My ears are ringing.
(c) My ears are bulging.

13 | 귀에 통증이 있을 때

귀가 아파.

(a) I have an earache.
(b) I have an earbomb.
(c) I have an earbug.

14 | 다리나 팔에 피가 안 통해서 저릴 때

팔이 저려.

(a) There's a cat on my arm.
(b) My arm fell asleep.
(c) I can't feel my armpit.

15 | 등 근육이 아프거나 결릴 때

등이 아파.

(a) My back is sore.
(b) My spine is crushed.
(c) My backside is upside down.

16 | 잠을 잘못 자서 목이 뻐근할 때

목이 결려.

(a) I have a muscle in my neck.
(b) I have a cricket in my neck.
(c) I have a crick in my neck.

17 | 다리 근육에 갑자기 경련이 일어날 때

다리에 쥐가 났어.

(a) I have a mouse on my leg.
(b) I have a cramp in my leg.
(c) I have a rock on my leg.

18 | 부딪친 충격으로 피멍이 들었을 때

얼굴에 멍이 들었어.

(a) I have a dot on my face.
(b) I have a mole on my face.
(c) I have a bruise on my face.

19 | 허리를 삐끗했을 때

허리에 파스 붙였어.

(a) I've put a pass on my back.
(b) I've put a pain relief patch on my back.
(c) I've put a muscle cleanser on my back.

20 | 심장에 무리가 가서 숨이 찰 때

나 숨차.

(a) I'm out of breath.
(b) I'm out of space.
(c) I'm out of mouth.

정답 1 (c) 2 (a) 3 (b) 4 (b) 5 (c) 6 (a) 7 (c) 8 (b) 9 (b) 10 (c) 11 (b) 12 (b) 13 (a) 14 (b) 15 (a) 16 (c) 17 (b) 18 (c) 19 (b) 20 (a)

1 | 머리가 빙빙 도는 것 같을 때
☐ 어지러워.

2 | 이마가 뜨겁고 열이 날 때
☐ 열이 나.

3 | 머리의 한쪽에만 통증이 있을 때
☐ 편두통이 있어.

4 | 머릿속이 묵직해서 정신을 차리기 힘들 때
☐ 머리가 띵해.

5 | 두통이 심해서 머리가 쪼개질 것 같을 때
☐ 머리가 깨질 듯이 아파.

6 | 일반적으로 배가 아프다고 할 때
☐ 배가 아파.

7 | 소화가 안 되고 배에 가스가 찼을 때
☐ 속이 더부룩해.

8 | 속이 안 좋아 구역질이 날 때
☐ 토할 것 같아.

9 | 배탈이 나서 설사가 계속될 때
☐ 나 밤새 설사했어.

10 | 변비가 있다고 할 때
☐ 난 변비가 있어.

11 | 높은 곳에 올랐을 때 귀가 멍멍해지면
☐ 귀가 멍멍해.

12 | 외부 충격이나 신체 이상으로 귀가 울릴 때
☐ 귀가 울려.

13 | 귀에 통증이 있을 때
☐ 귀가 아파.

14 | 다리나 팔에 피가 안 통해서 저릴 때
☐ 팔이 저려.

15 | 등 근육이 아프거나 결릴 때
☐ 등이 아파.

16 | 잠을 잘못 자서 목이 뻐근할 때
☐ 목이 결려.

17 | 다리 근육에 갑자기 경련이 일어날 때
☐ 다리에 쥐가 났어.

18 | 부딪친 충격으로 피멍이 들었을 때
☐ 얼굴에 멍이 들었어.

19 | 허리를 삐끗했을 때
☐ 허리에 파스 붙였어.

20 | 심장에 무리가 가서 숨이 찰 때
☐ 나 숨차.

1 | 빳빳한 종이에 손가락이 베였을 때

종이에 베였어.

(a) The paper hurt me.
(b) This paper cut me in half.
(c) I got a paper cut.

2 | 손가락에 가시가 박혔을 때

손가락에 가시가 박혔어.

(a) I've got a splinter in my finger.
(b) I've got a problem in my finger.
(c) I've got some glass in my finger.

3 | 뜨거운 액체에 데어 화상을 입었을 때

데였어.

(a) I got scared.
(b) I got swept away.
(c) I got scalded.

4 | 잘못해서 발목을 접질렀을 때

발목을 삐었어.

(a) I slammed my ankle.
(b) I sprained my ankle.
(c) I cuddled my ankle.

5 | 뼈를 감싸는 인대가 늘어났을 때

인대가 늘어났어.

(a) I pulled a ligament.
(b) My muscle is torn.
(c) A pain has been felt in the joint.

6 | 뼈가 부러지거나 금이 갔을 때

다리가 골절 됐어.

(a) I fractured my leg.
(b) I lined up my leg.
(c) I bent my leg.

7 | 부러진 뼈를 붙이기 위해 깁스를 했을 때

팔에 깁스를 했어.

(a) I got a bandage on my arm.
(b) I got a gib on my arm.
(c) I got a cast on my arm.

8 | 깁스를 하고 나타난 친구에게

웬 깁스야?

(a) What's with the gibs?
(b) What's with the plaster cast?
(c) What's with the plastic model?

9 | 엉덩방아를 찧어서 꼬리뼈에 금이 갔을 때

꼬리뼈에 실금이 갔어.

(a) I have a large crack on my tailbone.
(b) I have a hairline fracture on my tailbone.
(c) I have a pretty crack on my tailbone.

10 | 상처의 흉터가 남을까 봐 걱정될 때

흉터가 안 남아야 할 텐데.

(a) I hope it doesn't leave a scar.
(b) I hope it doesn't slap a scar.
(c) I hope it doesn't kiss a scar.

11 | 치통이 있을 때

충치인 것 같아.

(a) I think it's a tooth cave.
(b) I think it's a cavity.
(c) I think it's a root insect.

12 | 건강한 치아를 위해 스케일링을 받아야 할 때가 됐다 싶을 때

스케일링 받아야겠어.

(a) My teeth need scaring.
(b) My teeth need scaling.
(c) My teeth need dentures.

13 | 이가 아니라 잇몸이 아플 때

잇몸이 아파.

(a) My teeth skin hurt.
(b) My gums hurt.
(c) My tooth fairy is hurt.

14 | 치과에서 발치를 했을 때

이를 뽑았어.

(a) I had my tooth taken out.
(b) My tooth is pushed out.
(c) My dentist cracked my tooth.

15 | 치과에서 신경 치료를 받았을 때

신경 치료를 받았어.

(a) I got a root canal.
(b) I got a tooth canal.
(c) I got a nerve canal.

16 | 잇몸을 뚫고 나오는 사랑니를 발견했을 때

사랑니가 나고 있어.

(a) My wisdom tooth is going up.
(b) My wisdom tooth has an opening.
(c) My wisdom tooth is coming in.

17 | 시력이 점점 떨어지고 있을 때

눈이 나빠지고 있어.

(a) My foresight is getting worse.
(b) My eyesight is getting worse.
(c) My eye power is falling down.

18 | 눈이 벌겋게 충혈된 사람에게

네 눈이 충혈됐어.

(a) Your eyes are bloodshot.
(b) Your eyes are bloody.
(c) Your bloody eyes are popping.

19 | 눈이 퉁퉁 부은 사람에게

네 눈이 부었어.

(a) The eyes have eaten you up.
(b) You have an owl on your eyes.
(c) Your eyes are puffy.

20 | 눈 다래끼가 난 것을 알릴 때

오른쪽 눈에 다래끼가 났어.

(a) I have a bean in my right eye.
(b) I have a sty in my right eye.
(c) I have a corn in my right eye.

정답 1 (c) 2 (a) 3 (c) 4 (b) 5 (a) 6 (a) 7 (c) 8 (b) 9 (b) 10 (a) 11 (b) 12 (b) 13 (b) 14 (a) 15 (a) 16 (c) 17 (b) 18 (a) 19 (c) 20 (b)

1 | 빳빳한 종이에 손가락이 베였을 때

☐ 종이에 베였어.

2 | 손가락에 가시가 박혔을 때

☐ 손가락에 가시가 박혔어.

3 | 뜨거운 액체에 데어 화상을 입었을 때

☐ 데였어.

4 | 잘못해서 발목을 접질렀을 때

☐ 발목을 삐었어.

5 | 뼈를 감싸는 인대가 늘어났을 때

☐ 인대가 늘어났어.

6 | 뼈가 부러지거나 금이 갔을 때

☐ 다리가 골절 됐어.

7 | 부러진 뼈를 붙이기 위해 깁스를 했을 때

☐ 팔에 깁스를 했어.

8 | 깁스를 하고 나타난 친구에게

☐ 웬 깁스야?

9 | 엉덩방아를 찧어서 꼬리뼈에 금이 갔을 때

☐ 꼬리뼈에 실금이 갔어.

10 | 상처의 흉터가 남을까 봐 걱정될 때

☐ 흉터가 안 남아야 할 텐데.

11 | 치통이 있을 때

☐ 충치인 것 같아.

12 | 건강한 치아를 위해 스케일링을 받을 때가 됐다 싶을 때

☐ 스케일링 받아야겠어.

13 | 이가 아니라 잇몸이 아플 때

☐ 잇몸이 아파.

14 | 치과에서 발치를 했을 때

☐ 이를 뽑았어.

15 | 치과에서 신경 치료를 받았을 때

☐ 신경 치료를 받았어.

16 | 잇몸을 뚫고 나오는 사랑니를 발견했을 때

☐ 사랑니가 나고 있어.

17 | 시력이 점점 떨어지고 있을 때

☐ 눈이 나빠지고 있어.

18 | 눈이 벌겋게 충혈된 사람에게

☐ 네 눈이 충혈됐어.

19 | 눈이 퉁퉁 부은 사람에게

☐ 네 눈이 부었어.

20 | 눈 다래끼가 난 것을 알릴 때

☐ 오른쪽 눈에 다래끼가 났어.

※ 정답은 〈영어회화 암기장〉 073-074를 확인하세요.

1 | 배가 더부룩하고 소화가 안 돼서 소화제를 복용했을 때

소화제를 먹었어.

(a) I took some indigestion medicine.
(b) I took some stomach medicine.
(c) I took some intestine medicine.

2 | 아픔을 참기 힘들 때

진통제가 필요해.

(a) I need some painful medicine.
(b) I need some killer pains.
(c) I need some painkillers.

3 | 독감 예방을 위해 주사를 맞았을 때

독감주사 맞았어.

(a) I got a flu shot.
(b) I got a cool shot.
(c) I got a syringe.

4 | 약국에 처방전을 가지고 가서 약을 지을 때

이 약 좀 지어 주실래요?

(a) Could you fit this description?
(b) Could you fill this prescription?
(c) Could you fill in this questionnaire?

5 | 약을 먹긴 먹었는데 부작용이 염려될 때

부작용이 걱정돼.

(a) I'm worried about the special effects.
(b) I'm worried about the next effects.
(c) I'm worried about the side effects.

6 | 내시경 등을 받기 위해 금식을 해야 할 때

하루 동안 금식해야 돼.

(a) I'm on a 24-hour watch list.
(b) The doctor ordered me out.
(c) I need to fast for a day.

7 | 병원에 가서 건강검진을 받았을 때

건강검진을 받았어.

(a) I had a medical pass.
(b) I had a medical health.
(c) I had a medical checkup.

8 | 엑스레이 검사를 받았을 때

엑스레이 촬영을 했어.

(a) I had an x-ray photographed.
(b) I got an x-ray made.
(c) I had an x-ray done.

9 | 건강검진 결과가 양호할 때

특별히 이상한 건 없대.

(a) Everything is ready to go.
(b) There's nothing particularly wrong.
(c) Nothing was found.

10 | 진단 결과 혈압을 조심해야 하는 상황일 때

혈압이 좀 높아.

(a) My blood pressure is a bit high.
(b) My blood vessel is a bit high.
(c) My blood tolerance is a bit high.

11 | 점원에게 아이쇼핑 중임을 밝힐 때

그냥 둘러보는 거예요.

(a) I'm just eye-hopping.
(b) I'm just surrounding.
(c) I'm just browsing.

12 | 구경하던 매장을 나갈 때

조금 더 둘러보고 올게요.

(a) I think I'll look it up a bit more.
(b) I think I'll look into it a bit more.
(c) I think I'll look around a bit more.

13 | 가장 고급스러운 상품을 찾을 때

이게 최고급품인가요?

(a) Would this be the top carrier?
(b) Is this the top of the line?
(c) Does this mean grade A?

14 | 내가 찾는 물건을 파는지 물을 때

장난감도 취급하나요?

(a) Are toys made here?
(b) Do you carry toys?
(c) Why don't you sell toys?

15 | 물건을 고르면서 다른 색이 있는지 물을 때

이거 흰색으로도 있나요?

(a) Do you have this in white as well?
(b) Does it make up white, too?
(c) Do you display it in white?

16 | 제품의 작동법이 궁금할 때

어떻게 작동하는 거예요?

(a) Can you show me how it works?
(b) Can you show me how it rolls?
(c) Can you show me how it turns?

17 | 살 물건을 골랐을 때

이걸로 할게요.

(a) I'll take it.
(b) I'll loan it.
(c) I'll toss it.

18 | 선물용으로 포장을 요청할 때

선물포장 좀 해주세요.

(a) I would like it presently.
(b) I would like it gift-wrapped.
(c) I would like it package-free.

19 | 정가보다 싸게 구매했을 때

할인된 가격으로 샀어.

(a) The discount price was cheap.
(b) I got it for a bargain.
(c) It was bought at a price.

20 | 물건을 충동적으로 샀을 때

충동구매 했어.

(a) I bought it on impulse.
(b) I bought it with pleasure.
(c) I bought it on my own.

정답 1 (a) 2 (c) 3 (a) 4 (b) 5 (c) 6 (c) 7 (c) 8 (c) 9 (b) 10 (a) 11 (c) 12 (c) 13 (b) 14 (b) 15 (a) 16 (a) 17 (a) 18 (b) 19 (b) 20 (a)

1 | 배가 더부룩하고 소화가 안 돼서 소화제를 복용했을 때

☐ 소화제를 먹었어.

2 | 아픔을 참기 힘들 때

☐ 진통제가 필요해.

3 | 독감 예방을 위해 주사를 맞았을 때

☐ 독감주사 맞았어.

4 | 약국에 처방전을 가지고 가서 약을 지을 때

☐ 이 약 좀 지어 주실래요?

5 | 약을 먹긴 먹었는데 부작용이 염려될 때

☐ 부작용이 걱정돼.

6 | 내시경 등을 받기 위해 금식을 해야 할 때

☐ 하루 동안 금식해야 돼.

7 | 병원에 가서 건강검진을 받았을 때

☐ 건강검진을 받았어.

8 | 엑스레이 검사를 받았을 때

☐ 엑스레이 촬영을 했어.

9 | 건강검진 결과가 양호할 때

☐ 특별히 이상한 건 없대.

10 | 진단 결과 혈압을 조심해야 하는 상황일 때

☐ 혈압이 좀 높아.

11 | 점원에게 아이쇼핑 중임을 밝힐 때

☐ 그냥 둘러보는 거예요.

12 | 구경하던 매장을 나갈 때

☐ 조금 더 둘러보고 올게요.

13 | 가장 고급스러운 상품을 찾을 때

☐ 이게 최고급품인가요?

14 | 내가 찾는 물건을 파는지 물을 때

☐ 장난감도 취급하나요?

15 | 물건을 고르면서 다른 색이 있는지 물을 때

☐ 이거 흰색으로도 있나요?

16 | 제품의 작동법이 궁금할 때

☐ 어떻게 작동하는 거예요?

17 | 살 물건을 골랐을 때

☐ 이걸로 할게요.

18 | 선물용으로 포장을 요청할 때

☐ 선물포장 좀 해주세요.

19 | 정가보다 싸게 구매했을 때

☐ 할인된 가격으로 샀어.

20 | 물건을 충동적으로 샀을 때

☐ 충동구매 했어.

※ 정답은 〈영어회화 암기장〉 075-076를 확인하세요.

1 | 옷을 입어 보고 싶을 때

입어 봐도 될까요?

(a) May I put it up?
(b) Where can I wear it?
(c) Can I try it on?

2 | 매장 내에서 옷을 갈아입을 때

탈의실이 어디예요?

(a) Where's the fitting room?
(b) Where's the sitting room?
(c) Where's the change?

3 | 원하는 사이즈를 요청할 때

이걸로 66 사이즈를 주세요.

(a) I'd like this in a size 66.
(b) I'd like size 66 in this shape.
(c) I'd like size 66 with this.

4 | 옷이 크거나 작을 때

안 맞아요.

(a) It's not my taste.
(b) It doesn't fit.
(c) I'm not inside it.

5 | 옷의 특정 부위가 작아서 낄 때

허벅지 쪽이 너무 끼네요.

(a) It's too tight on the knees.
(b) It's too tight in the ankle.
(c) It's too tight in the thighs.

6 | 옷이 작아서 더 큰 사이즈를 요청할 때

한 치수 큰 걸로 보여주세요.

(a) Show me a larger one.
(b) Show me this in the next size up.
(c) Give me a push up.

7 | 옷을 입어 보고 어울리는지 물을 때

나한테 어울려?

(a) Does it suit me?
(b) Does it choke me?
(c) Does it shake me?

8 | 옷을 입고 어때 보이는지 물을 때

나 어때?

(a) How do I look?
(b) How does it feel?
(c) Will it pass?

9 | 세탁기에 빨아도 되는지 확인할 때

이거 세탁기에 돌려도 되나요?

(a) Can I do the washing?
(b) Is it a washing machine?
(c) Is it machine washable?

10 | 입은 옷들의 색깔이 서로 안 어울릴 때

색이 안 어울려.

(a) The colors are too loud.
(b) The colors don't like each other.
(c) The colors don't go together.

11 | 식료품을 사러 갈 때

나 장 보러 간다.

(a) I'm going to shoplift.
(b) I'm going to the grocery store.
(c) I'm going to the discount store.

12 | 바닥난 생필품을 확인하고서

우리 치약이 떨어졌어.

(a) We ran over some toothpaste.
(b) We're out of toothpaste.
(c) We squeezed out the toothpaste.

13 | 장보러 온 김에 동거인에게 필요한 거 없는지 추가로 확인할 때나 쇼핑목록을 작성할 때

뭐 필요한 거 있어?

(a) Is there anything you care about?
(b) Are you a needy person?
(c) Do you need anything?

14 | 마트에 가는데 관련 얘기가 나왔을 때

마침 마트 가는 길이었어.

(a) I was just going down the store.
(b) I was just on my way to the store.
(c) I was just on a road trip to the store.

15 | 음식을 사기 전에 시식코너에서 맛을 확인해보고 싶을 때

시식해 볼게요.

(a) I'll try a demo.
(b) I'll try some.
(c) I'll try a model.

16 | 음식을 사기 전에 유통기한을 체크하라고 할 때

유통기한 확인해.

(a) Open the label calendar.
(b) Look at the selling date.
(c) Check the best-before date.

17 | 묶음으로 사는 게 더 쌀 때

묶음으로 사자.

(a) Let's buy a bundle.
(b) Let's go for the group therapy.
(c) Let's choose the tied one.

18 | 6개 묶음으로 파는 것을 살 때

맥주 6개들이 좀 가져와.

(a) Get me a 6-group of beer.
(b) Get me a 6-pack of beer.
(c) Get me a 6-basket of beer.

19 | 유기농인지 물어볼 때

이거 유기농이에요?

(a) Is this an organism?
(b) Is this a vegetable?
(c) Is this organic?

20 | 마트에서 물건의 위치를 설명할 때

고기는 6번 통로에 있어요.

(a) You'll find meat in runway six.
(b) The meat is in aisle six.
(c) The meat is on the sixth shelf.

정답 1 (c) 2 (a) 3 (a) 4 (b) 5 (c) 6 (b) 7 (a) 8 (a) 9 (c) 10 (c) 11 (b) 12 (b) 13 (c) 14 (b) 15 (b) 16 (c) 17 (a) 18 (b) 19 (c) 20 (b)

1 | 옷을 입어 보고 싶을 때

☐ 입어 봐도 될까요?

🎤

2 | 매장 내에서 옷을 갈아입을 때

☐ 탈의실이 어디예요?

🎤

3 | 원하는 사이즈를 요청할 때

☐ 이걸로 66 사이즈를 주세요.

🎤

4 | 옷이 크거나 작을 때

☐ 안 맞아요.

🎤

5 | 옷의 특정 부위가 작아서 낄 때

☐ 허벅지 쪽이 너무 끼네요.

🎤

6 | 옷이 작아서 더 큰 사이즈를 요청할 때

☐ 한 치수 큰 걸로 보여주세요.

🎤

7 | 옷을 입어 보고 어울리는지 물을 때

☐ 나한테 어울려?

🎤

8 | 옷을 입고 어때 보이는지 물을 때

☐ 나 어때?

🎤

9 | 세탁기에 빨아도 되는지 확인할 때

☐ 이거 세탁기에 돌려도 되나요?

🎤

10 | 입은 옷들의 색깔이 서로 안 어울릴 때

☐ 색이 안 어울려.

🎤

11 | 식료품을 사러 갈 때

☐ 나 장 보러 간다.

🎤

12 | 바닥난 생필품을 확인하고서

☐ 우리 치약이 떨어졌어.

🎤

13 | 장보러 온 김에 동거인에게 필요한 거 없는지 추가로 확인할 때나 쇼핑목록을 작성할 때

☐ 뭐 필요한 거 있어?

🎤

14 | 마트에 가는데 관련 얘기가 나왔을 때

☐ 마침 마트 가는 길이었어.

🎤

15 | 음식을 사기 전에 시식코너에서 맛을 확인해보고 싶을 때

☐ 시식해 볼게요.

🎤

16 | 음식을 사기 전에 유통기한을 체크하라고 할 때

☐ 유통기한 확인해.

🎤

17 | 묶음으로 사는 게 더 쌀 때

☐ 묶음으로 사자

🎤

18 | 6개 묶음으로 파는 것을 살 때

☐ 맥주 6개들이 좀 가져와.

🎤

19 | 유기농인지 물어볼 때

☐ 이거 유기농이에요?

🎤

20 | 마트에서 물건의 위치를 설명할 때

☐ 고기는 6번 통로에 있어요.

🎤

※ 정답은 〈영어회화 암기장〉 077-078를 확인하세요.

1 | 할인 품목을 확인할 때

오늘 고기가 할인이야.

(a) Meat is in sale today.
(b) Meat is at sale today.
(c) Meat is on sale today.

2 | 할인 폭을 알려줄 때

30% 할인받을 수 있어요.

(a) You can get 30% off.
(b) You can get 30% down.
(c) You can get 30% lighter.

3 | 한 개 값에 두 개를 준다고 말할 때

원 플러스 원이야.

(a) It's one for all, and all for one.
(b) It's buy one, get one free.
(c) The price is one for two.

4 | 구매하고 싶은데 가격이 비쌀 때

좀 깎아줄 수 있어요?

(a) Can you cut me the price?
(b) Can you give me a discount?
(c) Can you deal me a card?

5 | 최대한 가능한 할인 폭을 물어볼 때

얼마까지 깎아줄 수 있어요?

(a) What are you charging me with?
(b) What's your maximum cutting price?
(c) What's your best price?

6 | 내가 원하는 가격을 부를 때

50달러면 살게요.

(a) I'll bring it for $50.
(b) I'll take it for $50.
(c) I'll make it for $50.

7 | 공짜로 덤을 달라고 요청할 때

몇 개 더 덤으로 주세요.

(a) Throw in a few more.
(b) Give me an additional bonus.
(c) I want to be more dumb.

8 | 가격을 흥정할 때

3달러만 빼주세요.

(a) Can I just get three dollars off?
(b) Can you cut out just three dollars?
(c) Please put off only three dollars.

9 | 가격이 너무 비싸다는 생각이 들 때

이거 바가지잖아요!

(a) This is back-stabbing!
(b) This is a rip-off!
(c) This is an insult!

10 | 흥정 끝에 최종 가격을 제안할 때

200달러로 합시다.

(a) Let's run for 200 dollars.
(b) Let's join for 200 dollars.
(c) Let's settle for 200 dollars.

11 | 여러 물건을 한꺼번에 계산할 때

전부 얼마예요?

(a) How can I pay?
(b) What's the whole thing?
(c) How much in total?

12 | 내가 지불해야 할 금액을 물을 때

얼마 드리면 되나요?

(a) How much do I lend you?
(b) How much do I owe you?
(c) How much do I charge you?

13 | 할인 전 원래 가격이 궁금할 때

정가는 얼마예요?

(a) What's the fixed cost?
(b) What's the final price?
(c) What's the regular price?

14 | 여러 사람이 모여 대량구매할 때

공동구매하면 얼마예요?

(a) How much is the group-buy price?
(b) What's the together price?
(c) Do you take the package price?

15 | 신용카드로 계산할 때

신용카드로 할게요.

(a) I'll charge it.
(b) I'll push it.
(c) I'll lay it.

16 | 현금으로 계산할 때

현금으로 낼게요.

(a) I'm laying down my coins.
(b) The payment is in bills.
(c) I'll pay in cash.

17 | 일시불이 부담스러울 때

할부로 낼 거야.

(a) I'm going to pay a dear price.
(b) I'm going to pay in installments.
(c) I'm going to pay in slashed amounts.

18 | 계산 후 영수증을 챙길 때

영수증 주세요.

(a) I'd like a document.
(b) I'd like a card.
(c) I'd like a receipt.

19 | 구매한 물건을 교환할 때

이것 좀 교환해 주세요.

(a) I'd like to change this.
(b) I'd like to mail this.
(c) I'd like to exchange this.

20 | 구매한 물건을 환불할 때

환불해 주세요.

(a) I'd like a refund.
(b) I'd like to be returned.
(c) I'd like my money refurbished.

정답 1 (c) 2 (a) 3 (b) 4 (b) 5 (c) 6 (b) 7 (a) 8 (a) 9 (b) 10 (c) 11 (c) 12 (b) 13 (c) 14 (a) 15 (a) 16 (c) 17 (b) 18 (c) 19 (c) 20 (a)

1 | 할인 품목을 확인할 때

☐ 오늘 고기가 할인이야.

2 | 할인 폭을 알려줄 때

☐ 30% 할인받을 수 있어요.

3 | 한 개 값에 두 개를 준다고 말할 때

☐ 원 플러스 원이야.

4 | 구매하고 싶은데 가격이 비쌀 때

☐ 좀 깎아줄 수 있어요?

5 | 최대한 가능한 할인 폭을 물어볼 때

☐ 얼마까지 깎아줄 수 있어요?

6 | 내가 원하는 가격을 부를 때

☐ 50달러면 살게요.

7 | 공짜로 덤을 달라고 요청할 때

☐ 몇 개 더 덤으로 주세요.

8 | 가격을 흥정할 때

☐ 3달러만 빼주세요.

9 | 가격이 너무 비싸다는 생각이 들 때

☐ 이거 바가지잖아요!

10 | 흥정 끝에 최종 가격을 제안할 때

☐ 200달러로 합시다.

11 | 여러 물건을 한꺼번에 계산할 때

☐ 전부 얼마예요?

12 | 내가 지불해야 할 금액을 물을 때

☐ 얼마 드리면 되나요?

13 | 할인 전 원래 가격이 궁금할 때

☐ 정가는 얼마예요?

14 | 여러 사람이 모여 대량구매할 때

☐ 공동구매하면 얼마예요?

15 | 신용카드로 계산할 때

☐ 신용카드로 할게요.

16 | 현금으로 계산할 때

☐ 현금으로 낼게요.

17 | 일시불이 부담스러울 때

☐ 할부로 낼 거야.

18 | 계산 후 영수증을 챙길 때

☐ 영수증 주세요.

19 | 구매한 물건을 교환할 때

☐ 이것 좀 교환해 주세요.

20 | 구매한 물건을 환불할 때

☐ 환불해 주세요.

※ 정답은 〈영어회화 암기장〉 079-080를 확인하세요.

1 | 하늘에 구름이 없고 맑을 때
오늘 날씨가 맑아.
(a) The weather is white today.
(b) It's clear today.
(c) Today is a great day.

2 | 기온이 따뜻할 때
날씨가 포근하네.
(a) The weather is soft.
(b) The weather is mild.
(c) The weather is like cotton.

3 | 비가 내리기 시작할 때
빗방울이 떨어지네.
(a) A dew drop is starting.
(b) I can see the sky tears dropping.
(c) It's beginning to sprinkle.

4 | 비가 오다 그치다를 반복할 때
비가 오락가락하네.
(a) It's raining on and off.
(b) It's raining in and out.
(c) It's raining here and there.

5 | 비가 오래 올 것 같지는 않을 때
그냥 지나가는 비야.
(a) It's only a passing shower.
(b) The rain is only short.
(c) There goes the visiting rain.

6 | 하늘에 구멍이 뚫린 듯 비가 내릴 때
비가 억수같이 퍼붓고 있어.
(a) It's raining cats and dogs.
(b) The sky is falling down.
(c) The rain is like a waterfall.

7 | 태풍이 다가오고 있을 때
태풍이 온대.
(a) A typhoon is reserved.
(b) There's a typhoon coming.
(c) Get ready for a windy reception.

8 | 불던 바람이 더 이상 불지 않을 때
바람이 잠잠해졌어.
(a) The wind has gone away.
(b) The wind has fallen asleep.
(c) The wind has died down.

9 | 안개가 짙게 꼈을 때
안개가 자욱해.
(a) The fog is scary.
(b) The fog is thick.
(c) The fog is crafty.

10 | 비·바람·눈 등의 강도가 심해질 때
날씨가 점점 더 안 좋아지네.
(a) There's a hole in the weather.
(b) The climate is going strong.
(c) The weather is getting worse.

11 | 예정된 활동에 날씨가 안성맞춤일 때
날씨가 딱이야.
(a) The weather is perfect.
(b) The weather is clapping its hands.
(c) The weather is a hundred percent.

12 | 하루 사이에 날씨 변동이 심할 때
종잡을 수 없는 날씨야!
(a) What crazy weather!
(b) What mixed weather!
(c) What epic weather!

13 | 먹구름이 걷히고 있을 때
날씨가 좋아질 거야.
(a) The climate will agree soon.
(b) The weather's going to improve.
(c) The other side of the weather is coming.

14 | 추웠던 날씨가 따뜻해졌을 때
날씨가 풀렸어.
(a) The weather has gotten better.
(b) The weather has cracked.
(c) The weather has a fireplace.

15 | 찬바람이 실내로 새 들어올 때
외풍이 있어.
(a) There's a draft.
(b) There's a breeze.
(c) There's a blizzard.

16 | 가습기가 생각날 정도로 건조할 때
공기가 건조해.
(a) The air is humid.
(b) The air is dry.
(c) The air is thirsty.

17 | 실내 공기가 추울 때
이 안은 너무 춥다.
(a) It's too frozen here.
(b) It's too cool in here.
(c) It's too cold in here.

18 | 환기가 안 되는 밀폐 공간에 있을 때
이 안은 갑갑하다.
(a) It's bulky in here.
(b) It's dark in here.
(c) It's stuffy in here.

19 | 습도가 높아 곰팡이가 생겼을 때
곰팡이 냄새가 나.
(a) It smells moldy.
(b) It smells spunky.
(c) It smells gory.

20 | 실내 공기가 갑갑하거나 어떤 일에 너무 몰두하다 보니 골치가 아플 때
바람 좀 쐬야겠다.
(a) I need to face some fresh wind.
(b) I need to get some fresh air.
(c) I need to go out for a change.

1 | 하늘에 구름이 없고 맑을 때
☐ 오늘 날씨가 맑아.

2 | 기온이 따뜻할 때
☐ 날씨가 포근하네.

3 | 비가 내리기 시작할 때
☐ 빗방울이 떨어지네.

4 | 비가 오다 그치다를 반복할 때
☐ 비가 오락가락하네.

5 | 비가 오래 올 것 같지는 않을 때
☐ 그냥 지나가는 비야.

6 | 하늘에 구멍이 뚫린 듯 비가 내릴 때
☐ 비가 억수같이 퍼붓고 있어.

7 | 태풍이 다가오고 있을 때
☐ 태풍이 온대.

8 | 불던 바람이 더 이상 불지 않을 때
☐ 바람이 잠잠해졌어.

9 | 안개가 짙게 꼈을 때
☐ 안개가 자욱해.

10 | 비·바람·눈 등의 강도가 심해질 때
☐ 날씨가 점점 더 안 좋아지네.

11 | 예정된 활동에 날씨가 안성맞춤일 때
☐ 날씨가 딱이야.

12 | 하루 사이에 날씨 변동이 심할 때
☐ 종잡을 수 없는 날씨야!

13 | 먹구름이 걷히고 있을 때
☐ 날씨가 좋아질 거야.

14 | 추웠던 날씨가 따뜻해졌을 때
☐ 날씨가 풀렸어.

15 | 찬바람이 실내로 새 들어올 때
☐ 외풍이 있어.

16 | 가습기가 생각날 정도로 건조할 때
☐ 공기가 건조해.

17 | 실내 공기가 추울 때
☐ 이 안은 너무 춥다.

18 | 환기가 안 되는 밀폐 공간에 있을 때
☐ 이 안은 갑갑하다.

19 | 습도가 높아 곰팡이가 생겼을 때
☐ 곰팡이 냄새가 나.

20 | 실내 공기가 갑갑하거나 어떤 일에 너무 몰두하다 보니 골치가 아플 때
☐ 바람 좀 쐬야겠다.

※ 정답은 〈영어회화 암기장〉 081-082를 확인하세요.

1 | 새싹이 나고 기온이 따뜻해졌을 때

봄이 왔어.

(a) The spring has sprung.
(b) I can see the spring.
(c) It's a spring beginning.

2 | 봄만 되면 싱숭생숭해질 때

난 봄을 타.

(a) I have spring mind.
(b) I have spring heart.
(c) I have spring fever.

3 | 봄이 오기 전에 다시 추워질 때

꽃샘추위가 기승을 부리네.

(a) The flower winter is angry.
(b) We're in the middle of a cold snap.
(c) It's the full swing of a crazy spring cold.

4 | 날씨가 따뜻해지고 꽃들이 피어날 때

봄기운이 완연하다.

(a) I can smell the spring air.
(b) Spring is in the air.
(c) There's a full spring coming.

5 | 반갑지 않은 봄 손님 황사가 밀려오는 시기에

황사 경보가 내렸어.

(a) There's a yellow desert warning.
(b) There's a yellow dirt warning.
(c) There's a yellow dust warning.

6 | 가마솥 더위가 계속될 때

푹푹 찐다.

(a) Summer is on fire.
(b) I'm boiling inside a stove.
(c) It's scorching hot.

7 | 너무 더워서 견디기 힘들 때

더워서 못 참겠어.

(a) The heat is underscored.
(b) The heat is unbearable.
(c) The heat is unthinkable.

8 | 너무 더워 잠들지 못할 때

열대야 현상이네.

(a) There's a tropical night phenomenon.
(b) What a Hawaiian fever phenomenon.
(c) This is a hot phenomenon.

9 | 땡볕 더위 때문에 목이 탈 때

목말라 죽겠어.

(a) I'm dying of thirst.
(b) My throat is burning.
(c) It's the lack of water.

10 | 끈적거리고 습한 날씨일 때

후덥지근해.

(a) It's drowsy.
(b) It's sluggish.
(c) It's muggy.

11 | 단풍이 들기 시작했을 때

가을이 코앞이야.

(a) Fall is just around the corner.
(b) Autumn is in the horizon.
(c) You can see autumn hiding.

12 | 가로수 색깔이 울긋불긋 변할 때

나뭇잎들이 물들고 있어.

(a) The leaves are sucking in color.
(b) The leaves are changing color.
(c) The leaves are jumping color.

13 | 붉게 물든 단풍을 보러 가자고 할 때

우리 단풍 구경가자.

(a) Let's go to a leaf show.
(b) Let's go on a leaf picnic.
(c) Let's go leaf peeping.

14 | 낙엽이 많이 떨어져 쌓여 있을 때

낙엽 쌓인 것 좀 봐.

(a) Take a look at the raked leaves.
(b) There are the bodies of dead leaves.
(c) Look at the piles of fallen leaves.

15 | 가을이 되면 왠지 센치해질 때

가을이면 감상에 빠져.

(a) I get weather-beaten in autumn.
(b) I get sentenced in autumn.
(c) I get sentimental in autumn.

16 | 책을 읽기에 안성맞춤인 계절이라고 할 때

가을은 독서의 계절이잖아.

(a) Autumn should read a book.
(b) Autumn is the perfect season for reading.
(c) People love reading in fall.

17 | 탐스러운 눈이 펑펑 내릴 때

함박눈이 내리고 있어.

(a) It's snowing snow cannons.
(b) It's snowing cats and dogs.
(c) It's snowing big, fat snowflakes.

18 | 온통 하얀 눈으로 뒤덮였을 때

온 세상이 하얗다.

(a) The world is snow.
(b) It's a white world.
(c) Everything is covered in snow.

19 | 아침에 보니 온 세상이 하얄 때

밤새도록 눈이 내렸나 봐.

(a) Snow fell twenty four hours.
(b) It must have snowed all night long.
(c) There must have been a snow owl.

20 | 조금만 추워도 금세 추워하는 체질일 때

난 추위를 많이 타.

(a) I get cold easily.
(b) The weather scares me.
(c) I shiver with cold.

정답 1 (a) 2 (c) 3 (b) 4 (b) 5 (c) 6 (c) 7 (b) 8 (a) 9 (a) 10 (c) 11 (a) 12 (b) 13 (c) 14 (c) 15 (c) 16 (b) 17 (c) 18 (c) 19 (b) 20 (a)

1 | 새싹이 나고 기온이 따뜻해졌을 때

☐ 봄이 왔어.

2 | 봄만 되면 싱숭생숭해질 때

☐ 난 봄을 타.

3 | 봄이 오기 전에 다시 추워질 때

☐ 꽃샘추위가 기승을 부리네.

4 | 날씨가 따뜻해지고 꽃들이 피어날 때

☐ 봄기운이 완연하다.

5 | 반갑지 않은 봄 손님 황사가 밀려오는 시기에

☐ 황사 경보가 내렸어.

6 | 가마솥 더위가 계속될 때

☐ 푹푹 찐다.

7 | 너무 더워서 견디기 힘들 때

☐ 더워서 못 참겠어.

8 | 너무 더워 잠들지 못할 때

☐ 열대야 현상이네.

9 | 땡볕 더위 때문에 목이 탈 때

☐ 목말라 죽겠어.

10 | 끈적거리고 습한 날씨일 때

☐ 후덥지근해.

11 | 단풍이 들기 시작했을 때

☐ 가을이 코앞이야.

12 | 가로수 색깔이 울긋불긋 변할 때

☐ 나뭇잎들이 물들고 있어.

13 | 붉게 물든 단풍을 보러 가자고 할 때

☐ 우리 단풍 구경가자.

14 | 낙엽이 많이 떨어져 쌓여 있을 때

☐ 낙엽 쌓인 것 좀 봐.

15 | 가을이 되면 왠지 센치해질 때

☐ 가을이면 감상에 빠져.

16 | 책을 읽기에 안성맞춤인 계절이라고 할 때

☐ 가을은 독서의 계절이잖아.

17 | 탐스러운 눈이 펑펑 내릴 때

☐ 함박눈이 내리고 있어.

18 | 온통 하얀 눈으로 뒤덮였을 때

☐ 온 세상이 하얗다.

19 | 아침에 보니 온 세상이 하얄 때

☐ 밤새도록 눈이 내렸나 봐.

20 | 조금만 추워도 금세 추워하는 체질일 때

☐ 난 추위를 많이 타.

※ 정답은 《영어회화 암기장》 083-084를 확인하세요.

1 | 집중하다 보니 어느새 시간이 훌쩍 지났을 때

시간이 벌써 이렇게 됐어?

(a) What time is it?
(b) Is it my time?
(c) Is that the time?

2 | 너무 지루해서 시간이 천천히 갈 때

시간이 너무 안 가네.

(a) Time is heaving.
(b) Time is crawling.
(c) Time is shy.

3 | 시계의 시간이 늦거나 빠를 때

저 뻐꾸기시계는 시간이 안 맞네.

(a) That clock is a cuckoo.
(b) Don't believe that cuckoo clock.
(c) That cuckoo clock keeps bad time.

4 | 시계가 실제 시간보다 빠를 때

저 시계는 3분 빨라.

(a) That clock is three minutes forward.
(b) That clock is three minutes fast.
(c) That clock is three minutes in a hurry.

5 | 시계를 잘못 봤거나 약속시간을 잘못 알았을 때

시간을 착각했어.

(a) I timed it wrong.
(b) I mistook the time.
(c) The time fooled me.

6 | 공손하게 시간을 물어볼 때

시간 좀 알 수 있을까요?

(a) Can I know the watch?
(b) Do you have the time?
(c) May I have the clock?

7 | 시간이 딱 정각일 때

12시 정각이야.

(a) It's twelve o'clock sharp.
(b) It's twelve o'clock at the top.
(c) It's twelve o'clock largely.

8 | 정각에서 30분이 지났을 때

10시 반이야.

(a) It's half missed ten.
(b) It's half past ten.
(c) It's half-eaten ten.

9 | 정각에서 1~2분 정도 넘었을 때

막 6시가 넘었어.

(a) It's just past six.
(b) The time is hardly six.
(c) The watch passed six definitely.

10 | 4시 45분을 좀 다르게 표현할 때

5시 15분 전이야.

(a) The time is before five fifteen.
(b) It's pointing at five before fifteen.
(c) It's quarter to five.

11 | 특정 영화 장르의 마니아일 때

난 액션영화광이야.

(a) I'm a must-have fan of action movies.
(b) I'm a see-it-now fan of action movies.
(c) I'm a die-hard fan of action movies.

12 | 영화의 상영시간을 알려줄 때

저 영화는 3시간짜리야.

(a) That movie is 3 hours long.
(b) The sprinting time is 3 hours.
(c) The movie has 3 hours left.

13 | 전에 나왔던 영화의 후속편일 때

이 영화는 '원스'의 속편이야.

(a) This movie is secondary to "Once."
(b) This movie is a brother of "Once."
(c) This movie is a sequel to "Once."

14 | 영화표를 예매했을 때

'아이언독' 표 2장 예매했어.

(a) Two tickets to "Iron Dog" are here.
(b) I booked two tickets to "Iron Dog."
(c) "Iron Dog" tickets are two now.

15 | 영화를 본 소감이 별로였을 때

그저 그랬어.

(a) It was so-so.
(b) It was a boo-boo.
(c) It was a no-no.

16 | 노래를 못한다고 말할 때

난 음치야.

(a) I'm tone deaf.
(b) I'm melody dumb.
(c) I'm song stupid.

17 | 내가 즐겨 부르는 노래를 고르며

이게 내 18번이야.

(a) My number 18 is this song.
(b) It's my 18th song.
(c) This is my favorite song.

18 | 어디서 많이 들어본 노래 같을 때

저 노래 귀에 익은데.

(a) That song sounds familiar.
(b) I heard that melody just now.
(c) It's music to my ears.

19 | 노래 후유증으로 목이 쉬었을 때

목이 쉬었어.

(a) I have an insect in my throat.
(b) I have a cramp in my throat.
(c) I have a frog in my throat.

20 | 높은 음이 안 올라간다고 말할 때

나 고음불가야.

(a) I can't ring the high notes.
(b) I can't hit the high notes.
(c) I can't blow the high notes.

정답 1 (c) 2 (b) 3 (c) 4 (b) 5 (b) 6 (b) 7 (a) 8 (b) 9 (a) 10 (c) 11 (c) 12 (a) 13 (c) 14 (b) 15 (a) 16 (a) 17 (c) 18 (a) 19 (c) 20 (b)

1 | 집중하다 보니 어느새 시간이 훌쩍 지났을 때

☐ 시간이 벌써 이렇게 됐어?

2 | 너무 지루해서 시간이 천천히 갈 때

☐ 시간이 너무 안 가네.

3 | 시계의 시간이 늦거나 빠를 때

☐ 저 뻐꾸기시계는 시간이 안 맞네.

4 | 시계가 실제 시간보다 빠를 때

☐ 저 시계는 3분 빨라.

5 | 시계를 잘못 봤거나 약속시간을 잘못 알았을 때

☐ 시간을 착각했어.

6 | 공손하게 시간을 물어볼 때

☐ 시간 좀 알 수 있을까요?

7 | 시간이 딱 정각일 때

☐ 12시 정각이야.

8 | 정각에서 30분이 지났을 때

☐ 10시 반이야.

9 | 정각에서 1~2분 정도 넘었을 때

☐ 막 6시가 넘었어.

10 | 4시 45분을 좀 다르게 표현할 때

☐ 5시 15분 전이야.

11 | 특정 영화 장르의 마니아일 때

☐ 난 액션영화광이야.

12 | 영화의 상영시간을 알려줄 때

☐ 저 영화는 3시간짜리야.

13 | 전에 나왔던 영화의 후속편일 때

☐ 이 영화는 '원스'의 속편이야.

14 | 영화표를 예매했을 때

☐ '아이언독' 표 2장 예매했어.

15 | 영화를 본 소감이 별로였을 때

☐ 그저 그랬어.

16 | 노래를 못한다고 말할 때

☐ 난 음치야.

17 | 내가 즐겨 부르는 노래를 고르며

☐ 이게 내 18번이야.

18 | 어디서 많이 들어본 노래 같을 때

☐ 저 노래 귀에 익은데.

19 | 노래 후유증으로 목이 쉬었을 때

☐ 목이 쉬었어.

20 | 높은 음이 안 올라간다고 말할 때

☐ 나 고음불가야.

※ 정답은 〈영어회화 암기장〉 085-086를 확인하세요.

1 | 놀고 싶어서 수업을 빼먹었을 때
수업 땡땡이 쳤어.
(a) I ran down the class.
(b) The class was beaten by me.
(c) I skipped class.

2 | 시험 바로 전에 몰아서 공부할 때
시험 때문에 벼락치기 중이야.
(a) I'm shocking my test.
(b) I'm cramming for my test.
(c) I'm thunderbolting my test.

3 | 남의 시험지를 보고 답을 썼을 때
나 시험 커닝했어.
(a) I cunningly solved the test.
(b) I cheated on my test.
(c) I endured my test.

4 | 고입·대입 등의 시험에 통과했을 때
걔가 입학시험에 합격했어.
(a) She jumped the school test.
(b) She passed the entrance test.
(c) She stepped into the college exam.

5 | 잠을 안 자고 늦게까지 공부할 때
걔 밤늦게까지 공부하고 있어.
(a) He studies in the darkness.
(b) He's a night owl.
(c) He's burning the midnight oil.

6 | 틈만 나면 책 보는 게 취미일 때
난 독서광이야.
(a) I'm mad about book-keeping.
(b) I'm a book animal.
(c) I'm a bookworm.

7 | 책이 재미있어서 페이지가 잘 넘어간다고 할 때
이 책은 책장이 술술 넘어가.
(a) This book is a page-maker.
(b) This book is a page-mover.
(c) This book is a page-turner.

8 | 책을 빠르게 넘기며 대충 읽겠다고 할 때
그냥 대충 넘겨 볼게.
(a) I'll just leaf through it.
(b) I can magnify the book.
(c) I'll read the pages briefly.

9 | 도서관에서 책을 빌리며 반납일을 확인할 때
반납일은 언제예요?
(a) When is it due back?
(b) Can you tell me its limits?
(c) When is the return ticket?

10 | 책을 제때 반납하지 못했을 때
연체료는 얼마예요?
(a) How much is the fuel fee?
(b) How much is the late fee?
(c) How much is the red card free?

11 | 일어날 시간이라며 깨울 때
아침이다. 일어나!
(a) Up and morning!
(b) Rise and shine!
(c) Sunshine and morning!

12 | 잠을 너무 많이 자서 늦게 일어났을 때
늦잠 잤어!
(a) I overslept!
(b) I turned in my sleep!
(c) I fell asleep late!

13 | 일어나긴 했지만 정신이 몽롱할 때
나 아직 잠이 덜 깼어.
(a) I'm still half-dreaming.
(b) I'm still half-closed.
(c) I'm still half-asleep.

14 | 상대방의 눈에 눈곱이 꼈을 때
너 눈곱 꼈어.
(a) You have drops in your eyes.
(b) You have sleep in your eyes.
(c) You have dreams in your eyes.

15 | 일어난 직후 안부인사를 할 때
잘 잤니?
(a) Did you sleep well?
(b) Did you sleep fine?
(c) Did you sleep deep?

16 | 중간에 안 깨고 밤새 잘 잤을 때
잠을 푹 잤어.
(a) I slept like a basket.
(b) I slept like a dog.
(c) I slept like a log.

17 | 밤을 뜬눈으로 지새웠을 때
한숨도 못 잤어.
(a) I didn't sleep a wink.
(b) I didn't sleep a blink.
(c) I didn't sleep a pinch.

18 | 잠을 자다가 자꾸 뒤척였을 때
잠을 설쳤어.
(a) I had trouble sleeping.
(b) I fell off my sleep.
(c) The night was white for me.

19 | 잠잘 때 자기도 모르게 중얼거리는 습관이 있는 사람에게
넌 잠꼬대를 해.
(a) You drop in your sleep.
(b) You rattle in your sleep.
(c) You talk in your sleep.

20 | 잠자리에 들려는 사람에게 인사할 때
잘 자.
(a) Have your dream.
(b) Sleep tight.
(c) Go to sleepy world.

정답 1 (c) 2 (b) 3 (b) 4 (b) 5 (c) 6 (c) 7 (c) 8 (a) 9 (a) 10 (b) 11 (b) 12 (a) 13 (c) 14 (b) 15 (a) 16 (c) 17 (a) 18 (a) 19 (c) 20 (b)

1 | 놀고 싶어서 수업을 빼먹었을 때
☐ 수업 땡땡이 쳤어.

2 | 시험 바로 전에 몰아서 공부할 때
☐ 시험 때문에 벼락치기 중이야.

3 | 남의 시험지를 보고 답을 썼을 때
☐ 나 시험 커닝했어.

4 | 고입·대입 등의 시험에 통과했을 때
☐ 걔가 입학시험에 합격했어.

5 | 잠을 안 자고 늦게까지 공부할 때
☐ 걔 밤늦게까지 공부하고 있어.

6 | 틈만 나면 책 보는 게 취미일 때
☐ 난 독서광이야.

7 | 책이 재미있어서 페이지가 잘 넘어간다고 할 때
☐ 이 책은 책장이 술술 넘어가.

8 | 책을 빠르게 넘기며 대충 읽겠다고 할 때
☐ 그냥 대충 넘겨 볼게.

9 | 도서관에서 책을 빌리며 반납일을 확인할 때
☐ 반납일은 언제예요?

10 | 책을 제때 반납하지 못했을 때
☐ 연체료는 얼마예요?

11 | 일어날 시간이라며 깨울 때
☐ 아침이다. 일어나!

12 | 잠을 너무 많이 자서 늦게 일어났을 때
☐ 늦잠 잤어!

13 | 일어나긴 했지만 정신이 몽롱할 때
☐ 나 아직 잠이 덜 깼어.

14 | 상대방의 눈에 눈곱이 꼈을 때
☐ 너 눈곱 꼈어.

15 | 일어난 직후 안부인사를 할 때
☐ 잘 잤니?

16 | 중간에 안 깨고 밤새 잘 잤을 때
☐ 잠을 푹 잤어.

17 | 밤을 뜬눈으로 지새웠을 때
☐ 한숨도 못 잤어.

18 | 잠을 자다가 자꾸 뒤척였을 때
☐ 잠을 설쳤어.

19 | 잘잘 때 자기도 모르게 중얼거리는 습관이 있는 사람에게
☐ 넌 잠꼬대를 해.

20 | 잠자리에 들려는 사람에게 인사할 때
☐ 잘 자.

※ 정답은 〈영어회화 암기장〉 087-088를 확인하세요.

1 | 세수나 샤워를 했는지 확인할 때

다 씻었니?

(a) Have you brushed your face?
(b) Have you rubbed your body?
(c) Have you washed?

2 | 세수 후 얼굴에 비누기가 남아 있을 때

얼굴에 비누 좀 씻어내.

(a) Slide the soap off your face.
(b) Melt the soap out of your face.
(c) Rinse the soap off your face.

3 | 양치질을 미루지 말고 얼른 하라고 할 때

식후에 바로 양치해야지.

(a) Brush your teeth right after you've eaten.
(b) Brush your teeth right before you've eaten.
(c) Brush you teeth right until you've eaten.

4 | 욕조에 더운 물을 받아놨을 때

목욕물 준비됐어.

(a) The bath is ready.
(b) The bath water is timed.
(c) The bath tub is revealed.

5 | 머리를 감으면서 대충 헹구는 사람에게

머리를 제대로 헹궈.

(a) Shampoo your hair properly.
(b) Rinse your hair thoroughly.
(c) Gargle your hair alternately.

6 | 머리를 감은 후 드라이 사용을 권할 때

머리를 드라이로 말려.

(a) Blow up your hair.
(b) Blow away your hair.
(c) Blow dry your hair.

7 | 목욕을 마치고 나와 상쾌할 때

개운하다.

(a) I feel refreshed.
(b) I feel watered down.
(c) I feel calm.

8 | 화장실에 가는 것을 은유적으로 표현할 때

볼일 좀 보고 올게.

(a) I want to see a toilet.
(b) The toilet is there.
(c) Nature calls.

9 | 화장실 안에 있는데 누가 문을 계속 노크할 때

사람 있어요!

(a) There's a human!
(b) It's occupied!
(c) There's a body!

10 | 변기가 고장 나서 물이 안 내려갈 때

변기 물이 안 내려가.

(a) The toilet won't sink down.
(b) The toilet won't open up.
(c) The toilet won't flush.

11 | 집이 심하게 어질러졌을 때

집이 완전 난장판이네!

(a) The house is a trash mountain!
(b) The house is a rabbit hole!
(c) The house is a total mess!

12 | 진공청소기로 청소했는지 확인할 때

청소기 돌렸어?

(a) Did you vacuum?
(b) Did you clean up?
(c) Did you sweep it?

13 | 손걸레로 닦겠다고 할 때

걸레로 닦을게.

(a) I'll wipe it with a wet creek.
(b) I'll wipe it with a wet broom.
(c) I'll wipe it with a wet rag.

14 | 쓰레기봉투를 바깥에 내놓으라고 할 때

쓰레기 좀 내놔줘.

(a) Throw the trash.
(b) Take out the trash.
(c) Trade the trash.

15 | 쓰레기를 종류별로 분리해서 버리라고 할 때

쓰레기를 분리수거 해.

(a) Separate the trash.
(b) Put down the garbage.
(c) Grind the waste.

16 | 재활용 쓰레기인지 확인할 때

이거 재활용되나?

(a) Is this recoverable?
(b) Is this recyclable?
(c) Is this replaceable?

17 | 세탁기를 돌려야 할 때

빨래하자.

(a) Let's do the laundry.
(b) Let's go to the laundry.
(c) Let's have the laundry.

18 | 다 마른 빨래를 개라고 할 때

빨래 좀 개.

(a) Fold the laundry.
(b) Twirl the laundry.
(c) Grab the laundry.

19 | 옷에 얼룩이 졌을 때

이 얼룩 어떻게 빼지?

(a) How do I get this dot out?
(b) How do I get this stain out?
(c) How do I get this puncture out?

20 | 세탁 후 옷이 작아졌을 때

줄어버렸네!

(a) It tore!
(b) It went down!
(c) It shrank!

정답 1 (c) 2 (c) 3 (a) 4 (a) 5 (b) 6 (c) 7 (a) 8 (c) 9 (b) 10 (c) 11 (c) 12 (a) 13 (c) 14 (b) 15 (a) 16 (b) 17 (a) 18 (a) 19 (b) 20 (c)

1 | 세수나 샤워를 했는지 확인할 때

☐ 다 씻었니?

🎤

2 | 세수 후 얼굴에 비누기가 남아 있을 때

☐ 얼굴에 비누 좀 씻어내.

🎤

3 | 양치질을 미루지 말고 얼른 하라고 할 때

☐ 식후에 바로 양치해야지.

🎤

4 | 욕조에 더운 물을 받아놨을 때

☐ 목욕물 준비됐어.

🎤

5 | 머리를 감으면서 대충 헹구는 사람에게

☐ 머리를 제대로 헹궈.

🎤

6 | 머리를 감은 후 드라이 사용을 권할 때

☐ 머리를 드라이로 말려.

🎤

7 | 목욕을 마치고 나와 상쾌할 때

☐ 개운하다.

🎤

8 | 화장실에 가는 것을 은유적으로 표현할 때

☐ 볼일 좀 보고 올게.

🎤

9 | 화장실 안에 있는데 누가 문을 계속 노크할 때

☐ 사람 있어요!

🎤

10 | 변기가 고장 나서 물이 안 내려갈 때

☐ 변기 물이 안 내려가.

🎤

11 | 집이 심하게 어질러졌을 때

☐ 집이 완전 난장판이네!

🎤

12 | 진공청소기로 청소했는지 확인할 때

☐ 청소기 돌렸어?

🎤

13 | 손걸레로 닦겠다고 할 때

☐ 걸레로 닦을게.

🎤

14 | 쓰레기봉투를 바깥에 내놓으라고 할 때

☐ 쓰레기 좀 내놔줘.

🎤

15 | 쓰레기를 종류별로 분리해서 버리라고 할 때

☐ 쓰레기를 분리수거 해.

🎤

16 | 재활용 쓰레기인지 확인할 때

☐ 이거 재활용되나?

🎤

17 | 세탁기를 돌려야 할 때

☐ 빨래하자.

🎤

18 | 다 마른 빨래를 개라고 할 때

☐ 빨래 좀 개.

🎤

19 | 옷에 얼룩이 졌을 때

☐ 이 얼룩 어떻게 빼지?

🎤

20 | 세탁 후 옷이 작아졌을 때

☐ 줄어버렸네!

🎤

※ 정답은 〈영어회화 암기장〉 089-090를 확인하세요.

1 | 방금 만든 음식의 간을 보고
간이 잘 맞아.

(a) It's well-seasoned.
(b) It's well-cooked.
(c) It's well-done.

2 | 차게 해서 먹어야 맛있는 요리일 때
이건 차게 먹는 게 좋아.

(a) This is best served broiled.
(b) This is best served chilled.
(c) This is best served frozen.

3 | 식은 음식을 전자레인지에 데우라고 할 때
전자레인지에 데워.

(a) Smoke it in the microwave.
(b) Fire it in the microwave.
(c) Heat it in the microwave.

4 | 음식을 너무 오래 익혔을 때
태워버렸어.

(a) I've burned it.
(b) It has become toast.
(c) The food is tanned.

5 | 식탁에 식기류를 놓을 때
내가 상을 차릴게.

(a) I'll stage the table.
(b) I'll provide the table.
(c) I'll set the table.

6 | 상 차리기 전에 식탁을 닦아달라고 할 때
행주로 식탁 좀 닦아줘.

(a) Wipe the table with a tea towel.
(b) Wipe the table with a dishcloth.
(c) Wipe the table with a dish napkin.

7 | 음식을 씹으면서 말하는 사람에게
먹으면서 말하지 마.

(a) Don't talk with your mouth full.
(b) Pause chewing while eating.
(c) Don't gossip with your face full.

8 | 음식을 남기려는 사람에게
음식을 다 먹어야지.

(a) Empty your food.
(b) Gulp your food.
(c) Finish your food.

9 | 배가 불러서 식사를 마치겠다고 할 때
저는 다 먹었어요.

(a) I can't eat.
(b) I'm finished.
(c) The food doesn't fit in.

10 | 고기나 밥만 먹으며 편식을 하는 아이에게
야채도 먹어야지.

(a) Eat all colors.
(b) Eat your greens.
(c) Eat as much as you can.

11 | 어떤 집에 사는지 알려줄 때
난 전원주택에 살아.

(a) I live in a green house.
(b) I live in a country house.
(c) I live in a tree house.

12 | 서울 교외에서 살고 있을 때
난 서울 근교에 살아.

(a) I live in the suburbs of Seoul.
(b) I live in the district of Seoul.
(c) I live in the high streets of Seoul.

13 | 집의 월세가 합리적이라고 생각할 때
월세가 적당해.

(a) The monthly fee is manageable.
(b) The monthly deposit is balanced.
(c) The rent is reasonable.

14 | 이사 온 지 얼마 안 됐을 때
막 이사 왔어요.

(a) I just moved in.
(b) I just made a move.
(c) I just came by.

15 | 평소 집에서 나오는 출근시간을 말할 때
오전 8시에 출근해.

(a) I leave for work at 8 a.m.
(b) I start at work at 8 a.m.
(c) I open the door at 8 a.m.

16 | 평소 땡 하면 바로 퇴근한다고 할 때
난 칼퇴근해.

(a) My leaving hour is a knife.
(b) I leave work exactly on time.
(c) I leave for the exit like a bee.

17 | 통근할 때 주로 이용하는 교통수단을 말할 때
버스보다 지하철이 더 좋아.

(a) I prefer the subway to the bus.
(b) I prefer the bus to the subway.
(c) I prefer the bus to the underground.

18 | 집에서 회사까지 걸리는 시간을 말할 때
통근하는 데 50분 걸려.

(a) It takes 50 minutes to go-and-return.
(b) It takes 50 minutes to connect to work.
(c) It takes 50 minutes to commute.

19 | 회사까지 걸어서 걸리는 시간을 말할 때
걸어서 30분이야.

(a) It's a 30-minute walk.
(b) It's a 30-minute journey.
(c) It's a 30-minute road.

20 | 여러 명이 차 한 대로 함께 출근할 때
나 카풀해서 출근해.

(a) I pull a car to work.
(b) I carpool to work.
(c) I'm coupling to work.

정답 1 (a) 2 (b) 3 (c) 4 (a) 5 (c) 6 (b) 7 (a) 8 (c) 9 (b) 10 (b) 11 (b) 12 (a) 13 (c) 14 (a) 15 (a) 16 (b) 17 (a) 18 (c) 19 (a) 20 (b)

1 | 방금 만든 음식의 간을 보고

☐ 간이 잘 맞아.

2 | 차게 해서 먹어야 맛있는 요리일 때

☐ 이건 차게 먹는 게 좋아.

3 | 식은 음식을 전자레인지에 데우라고 할 때

☐ 전자레인지에 데워.

4 | 음식을 너무 오래 익혔을 때

☐ 태워버렸어.

5 | 식탁에 식기류를 놓을 때

☐ 내가 상을 차릴게.

6 | 상 차리기 전에 식탁을 닦아달라고 할 때

☐ 행주로 식탁 좀 닦아줘.

7 | 음식을 씹으면서 말하는 사람에게

☐ 먹으면서 말하지 마.

8 | 음식을 남기려는 사람에게

☐ 음식을 다 먹어야지.

9 | 배가 불러서 식사를 마치겠다고 할 때

☐ 저는 다 먹었어요.

10 | 고기나 밥만 먹으며 편식을 하는 아이에게

☐ 야채도 먹어야지.

11 | 어떤 집에 사는지 알려줄 때

☐ 난 전원주택에 살아.

12 | 서울 교외에서 살고 있을 때

☐ 난 서울 근교에 살아.

13 | 집의 월세가 합리적이라고 생각할 때

☐ 월세가 적당해.

14 | 이사 온 지 얼마 안 됐을 때

☐ 막 이사 왔어요.

15 | 평소 집에서 나오는 출근시간을 말할 때

☐ 오전 8시에 출근해.

16 | 평소 땡 하면 바로 퇴근한다고 할 때

☐ 난 칼퇴근해.

17 | 통근할 때 주로 이용하는 교통수단을 말할 때

☐ 버스보다 지하철이 더 좋아.

18 | 집에서 회사까지 걸리는 시간을 말할 때

☐ 통근하는 데 50분 걸려.

19 | 회사까지 걸어서 걸리는 시간을 말할 때

☐ 걸어서 30분이야.

20 | 여러 명이 차 한 대로 함께 출근할 때

☐ 나 카풀해서 출근해.

※ 정답은 〈영어회화 암기장〉 091-092를 확인하세요.

1 | 운전 시 내비게이션을 따라가라고 할 때
내비를 따라가.

(a) Follow the GPC.
(b) Follow the JPS.
(c) Follow the GPS.

2 | 도로가 차들로 꽉 막혀 있을 때
교통체증이 심하네.

(a) It's number plate to number plate.
(b) It's headlight to tail light.
(c) It's bumper to bumper.

3 | 좀 돌아가더라도 그게 더 빠를 것 같을 때
우회로를 타자.

(a) Let's take a tour.
(b) Let's take a toll.
(c) Let's take a detour.

4 | 국도에서 고속도로로 진입할 때
고속도로 들어가고 있어.

(a) We're pulling over on the highway.
(b) We're getting on the highway.
(c) We're grinding the highway.

5 | 안전벨트를 매라고 당부할 때
안전벨트를 매.

(a) Fasten your seatbelt.
(b) Tie your seatbelt.
(c) Wrap your seatbelt.

6 | 자동차 트렁크 좀 열어달라고 할 때
트렁크 좀 열어줘.

(a) Peel the trunk.
(b) Pop the trunk.
(c) Swipe the trunk.

7 | 주차금지구역에 주차한 바람에 딱지를 떼였을 때
주차 딱지를 떼었어.

(a) I got a parking ticket.
(b) I got a parking paper.
(c) I got a parking memo.

8 | 잠깐 볼일 보러 가면서 차 운전석에 있는 사람에게 하는 말
시동 끄지 말고 있어봐.

(a) Keep the switch running.
(b) Keep the engine burning.
(c) Keep the engine running.

9 | 호텔 등에서 주차 요원에게 주차를 부탁할 때
대리주차 해주세요.

(a) I'd like to use valet parking.
(b) I'd like to use free parking.
(c) I'd like to be a valet.

10 | 주차해 놓은 자동차가 견인됐을 때
내 차가 견인됐어.

(a) My car has been pulled over.
(b) My car has been dragged.
(c) My car has been towed.

11 | 주유소에서 기름을 가득 채울 때
가득 채워 주세요.

(a) Fill'er up.
(b) Maximize the oil.
(c) Insert the petrol tank.

12 | 딱 원하는 만큼만 주유하고 싶을 때
기름 50달러어치만요.

(a) Just 50 dollars worth of gas.
(b) Just 50 dollars on the gas tank.
(c) Just 50 dollars of petrol left.

13 | 자동차 타이어의 바람이 빠졌을 때
타이어가 펑크 났어.

(a) My car is a punk.
(b) I have a flat tire.
(c) The tire has damaged my car.

14 | 엔진 오일이 새는 것을 발견했을 때
엔진 오일이 새고 있어.

(a) The engine oil is building up.
(b) The engine oil is cracked.
(c) The engine oil is leaking.

15 | 정비소에 가서 블랙박스를 달았을 때
블랙박스를 설치했어.

(a) I had the black box watched.
(b) I had a black box installed.
(c) I had my black box fixed.

16 | 앞 차의 범퍼를 살짝 박았을 정도의 가벼운 사고일 때
접촉사고였어.

(a) It was a fender-mender.
(b) It was a fender-bender.
(c) It was a fender-cracker.

17 | 차 두 대가 정면으로 부딪힌 사고일 때
정면충돌 사고였어.

(a) It was a head-in collision.
(b) It was a head-off collision.
(c) It was a head-on collision.

18 | 백미러로 보이지 않는 곳에 있었다고 할 때
사각지대에 있었어요.

(a) It was in a fourth wall.
(b) It was in my blind spot.
(c) It was in my closed angle.

19 | 술 먹고 운전하지 않았다고 항변할 때
음주운전 안 했어.

(a) I didn't drink and drive.
(b) I'm not drunk.
(c) My car doesn't have alcohol.

20 | 과속한 게 아니라고 항변할 때
제한속도 안 넘었어.

(a) I was pushing the speed limit.
(b) I wasn't gambling the speed limit.
(c) I was under the speed limit.

정답 1 (c) 2 (c) 3 (c) 4 (b) 5 (a) 6 (b) 7 (a) 8 (c) 9 (a) 10 (c) 11 (a) 12 (a) 13 (b) 14 (c) 15 (b) 16 (b) 17 (c) 18 (b) 19 (a) 20 (c)

1 | 운전 시 내비게이션을 따라가라고 할 때

☐ 내비를 따라가.

2 | 도로가 차들로 꽉 막혀 있을 때

☐ 교통체증이 심하네.

3 | 좀 돌아가더라도 그게 더 빠를 것 같을 때

☐ 우회로를 타자.

4 | 국도에서 고속도로로 진입할 때

☐ 고속도로 들어가고 있어.

5 | 안전벨트를 매라고 당부할 때

☐ 안전벨트를 매.

6 | 자동차 트렁크 좀 열어달라고 할 때

☐ 트렁크 좀 열어줘.

7 | 주차금지구역에 주차한 바람에 딱지를 떼였을 때

☐ 주차 딱지를 떼였어.

8 | 잠깐 볼일 보러 가면서 차 운전석에 있는 사람에게 하는 말

☐ 시동 끄지 말고 있어봐.

9 | 호텔 등에서 주차 요원에게 주차를 부탁할 때

☐ 대리주차 해주세요.

10 | 주차해 놓은 자동차가 견인됐을 때

☐ 내 차가 견인됐어.

11 | 주유소에서 기름을 가득 채울 때

☐ 가득 채워 주세요.

12 | 딱 원하는 만큼만 주유하고 싶을 때

☐ 기름 50달러어치만요.

13 | 자동차 타이어의 바람이 빠졌을 때

☐ 타이어가 펑크 났어.

14 | 엔진 오일이 새는 것을 발견했을 때

☐ 엔진 오일이 새고 있어.

15 | 정비소에 가서 블랙박스를 달았을 때

☐ 블랙박스를 설치했어.

16 | 앞 차의 범퍼를 살짝 박았을 정도의 가벼운 사고일 때

☐ 접촉사고였어.

17 | 차 두 대가 정면으로 부딪힌 사고일 때

☐ 정면충돌 사고였어.

18 | 백미러로 보이지 않는 곳에 있었다고 할 때

☐ 사각지대에 있었어요.

19 | 술 먹고 운전하지 않았다고 항변할 때

☐ 음주운전 안 했어.

20 | 과속한 게 아니라고 항변할 때

☐ 제한속도 안 넘었어.

106

1 | 파일 날아가는 낭패를 피하도록 할 때

파일 저장했니?

(a) Did you memorize your file?
(b) Did you cork your file?
(c) Did you save your file?

2 | 잘못해서 파일을 삭제했을 때

실수로 파일을 지웠어.

(a) I deliberately took the file.
(b) I accidentally deleted the file.
(c) I momentarily paused the file.

3 | 삭제된 파일을 되살려야 할 때

파일을 복구할 수 있어.

(a) The file can be alive.
(b) I can sever the file.
(c) I can recover the file.

4 | 만일을 대비해 파일을 복사해 놓으라고 할 때

백업파일은 만들어놨어?

(a) Is it back yet?
(b) Did you backup this file?
(c) Did you bag this file?

5 | 작업한 것을 인쇄해 달라고 할 때

이것 좀 프린트해 줄래?

(a) Can you print this out for me?
(b) Will you make a copier for me?
(c) Would you type it out to me?

6 | 복사기가 작동이 안 될 때

복사기가 고장 났어.

(a) The copy machine is out of order.
(b) The copier is dead.
(c) The photocopier is taken.

7 | 복사기에 복사용지가 꼈을 때

종이가 꼈어.

(a) The paper is locked up.
(b) The paper is crammed
(c) The paper is jammed.

8 | 컴퓨터가 갑자기 멈춰 작동이 안 될 때

내 컴퓨터가 맛이 갔어.

(a) My computer fainted.
(b) My computer is dead.
(c) My computer froze.

9 | 컴퓨터 속도가 답답할 만큼 느려졌을 때

내 컴퓨터가 렉 걸렸어.

(a) My computer has a lack.
(b) The computer is hanging on a rack.
(c) My computer is lagging.

10 | 컴퓨터가 바이러스 먹어서 갑자기 이상해졌을 때

내 컴퓨터가 바이러스 먹었어.

(a) My computer ate a virus.
(b) My computer has a virus.
(c) My computer swallowed a virus.

11 | 구글 등 인터넷으로 정보를 검색했을 때

인터넷으로 검색해봤어.

(a) I researched it.
(b) I touched it.
(c) I googled it.

12 | 인터넷 사이트 여기저기를 돌아다녔을 때

인터넷 서핑했어.

(a) I'm an Internet surfer.
(b) I surfed the Internet.
(c) The Internet was shopped.

13 | 인터넷의 연결 속도가 느릴 때

인터넷 속도가 느려.

(a) The Internet connection is slow.
(b) The Internet speed is great.
(c) The Internet line is zigzagging.

14 | 내가 쓴 글의 조회 수가 높을 때

조회 수가 높아.

(a) I'm getting lots of hits.
(b) There are so many numbers.
(c) The visitors are amazing.

15 | 내가 올린 글에 댓글이 많을 때

댓글이 많이 달렸어.

(a) I'm getting lots of mega papers.
(b) I'm getting lots of mini letters.
(c) I'm getting lots of comments.

16 | 악의적인 댓글을 보고 속상해하는 사람에게

악플은 그냥 무시해.

(a) Just adore the bad comments.
(b) Just ignore the hate comments.
(c) Just ignore the black comments.

17 | 게임 아이템을 사용하려면 돈을 내야 할 때

그거 유료 아이템이야.

(a) That's a paid item.
(b) That's a golden item.
(c) That's a card item.

18 | 게임의 레벨을 통과했을 때

이 레벨을 깼어.

(a) I wiped the level!
(b) I smashed the level!
(c) I cleared the level!

19 | 사이버 상에서 해킹을 당했을 때

나 해킹당했어.

(a) I've been hacked.
(b) I've been hackered.
(c) I've been hacking.

20 | 해킹 당하지 않게 비밀번호를 주기적으로 바꾸라고 할 때

주기적으로 비밀번호를 다시 설정해.

(a) Reset your password regularly.
(b) Recheck the secret code in time.
(c) Reshuffle the numbers on time.

정답 1 (c) 2 (b) 3 (c) 4 (b) 5 (a) 6 (a) 7 (c) 8 (c) 9 (c) 10 (b) 11 (c) 12 (b) 13 (a) 14 (a) 15 (c) 16 (b) 17 (a) 18 (c) 19 (a) 20 (a)

1 | 파일 날아가는 낭패를 피하도록 할 때

☐ 파일 저장했니?

2 | 잘못해서 파일을 삭제했을 때

☐ 실수로 파일을 지웠어.

3 | 삭제된 파일을 되살려야 할 때

☐ 파일을 복구할 수 있어.

4 | 만일을 대비해 파일을 복사해 놓으라고 할 때

☐ 백업파일은 만들어놨어?

5 | 작업한 것을 인쇄해 달라고 할 때

☐ 이것 좀 프린트해 줄래?

6 | 복사기가 작동이 안 될 때

☐ 복사기가 고장 났어.

7 | 복사기에 복사용지가 꼈을 때

☐ 종이가 꼈어.

8 | 컴퓨터가 갑자기 멈춰 작동이 안 될 때

☐ 내 컴퓨터가 맛이 갔어.

9 | 컴퓨터 속도가 답답할 만큼 느려졌을 때

☐ 내 컴퓨터가 렉 걸렸어.

10 | 컴퓨터가 바이러스 먹어서 갑자기 이상해졌을 때

☐ 내 컴퓨터가 바이러스 먹었어.

11 | 구글 등 인터넷으로 정보를 검색했을 때

☐ 인터넷으로 검색해봤어.

12 | 인터넷 사이트 여기저기를 돌아다녔을 때

☐ 인터넷 서핑했어.

13 | 인터넷의 연결 속도가 느릴 때

☐ 인터넷 속도가 느려.

14 | 내가 쓴 글의 조회 수가 높을 때

☐ 조회 수가 높아.

15 | 내가 올린 글에 댓글이 많을 때

☐ 댓글이 많이 달렸어.

16 | 악의적인 댓글을 보고 속상해하는 사람에게

☐ 악플은 그냥 무시해.

17 | 게임 아이템을 사용하려면 돈을 내야 할 때

☐ 그거 유료 아이템이야.

18 | 게임의 레벨을 통과했을 때

☐ 이 레벨을 깼어.

19 | 사이버 상에서 해킹을 당했을 때

☐ 나 해킹당했어.

20 | 해킹 당하지 않게 비밀번호를 주기적으로 바꾸라고 할 때

☐ 주기적으로 비밀번호를 다시 설정해.

※ 정답은 〈영어회화 암기장〉 095~096를 확인하세요.

1 | 부부가 모두 수입이 있을 때

우린 맞벌이야.

(a) We're a money-making couple.
(b) We're a double-income couple.
(c) We're a earn-together couple.

2 | 사업 성공 등으로 큰돈을 벌었을 때

걔 돈방석에 앉았어.

(a) She's rolling on a money carpet.
(b) She's rolling inside a golden rug.
(c) She's rolling in money.

3 | 주식·투자 등으로 갑자기 큰돈을 벌었을 때

걔는 대박을 터뜨렸어.

(a) He hit the jackpot.
(b) He hit the giant pot.
(c) He hit the biggest pumpkin.

4 | 사업 실패 등으로 돈이 바닥났을 때

난 빈털터리 신세야.

(a) I'm an empty man.
(b) I have no credit.
(c) I'm flat broke.

5 | 벌이가 신통치 않을 때

주머니 사정이 안 좋아.

(a) I'm not doing well walletwise.
(b) I'm not doing well pocketwise.
(c) I'm not doing well moneywise.

6 | 돈을 절약하는 사람을 두고 말할 때

걔는 알뜰해.

(a) She's thrifty.
(b) She's money-strong.
(c) She's a small bank.

7 | 돈을 물 쓰듯이 쓰는 사람을 두고 말할 때

걔는 씀씀이가 헤퍼.

(a) She spends money like dirt.
(b) She spends money like water.
(c) She burns money everywhere.

8 | 돈 쓰는 데 지나치게 인색한 사람을 두고 말할 때

걔는 너무 짜.

(a) He's too salty.
(b) He's such a tiny spender.
(c) He's a penny pincher.

9 | 가계사정이 안 좋아 최대한 아껴야 할 때

우리 허리띠를 졸라매야겠다.

(a) We need to grab our money.
(b) We need to tighten our belts.
(c) We need to hasten the delivery.

10 | 용돈을 다 써버렸을 때

용돈이 떨어졌어.

(a) I'm out of pocket money.
(b) My pocket money is zero.
(c) There's no extra money left.

11 | 은행에서 계좌를 개설했을 때

통장을 만들었어.

(a) I opened up an account.
(b) I opened up a bank window.
(c) I opened up a money package.

12 | 적금에 새로 가입했을 때

적금을 들었어.

(a) I started up a mortgage fund.
(b) I opened an installment savings account.
(c) I signed an insurance contract.

13 | 은행에서 돈을 찾았을 때

돈을 인출했어.

(a) I pulled out my savings.
(b) I've taken in money.
(c) I've made a withdrawal.

14 | 인터넷 뱅킹 등으로 돈을 송금했을 때

돈을 이체했어.

(a) I transferred the money.
(b) I dislocated the money.
(c) I transformed the money.

15 | 은행에서 대출을 받았을 때

대출을 받았어.

(a) I took out a rent.
(b) I took out a bank card.
(c) I took out a loan.

16 | 현금이 모자라서 ATM을 찾을 때

현금인출기 좀 써야겠어.

(a) I need to use the money machine.
(b) I need to use the ATM.
(c) I need to use the cash drawer.

17 | 은행 창구에서 돈을 인출할 때

돈을 좀 인출하고 싶어요.

(a) I'd like to take off some money.
(b) I'd like to withdraw some money.
(c) I'd like to pull out some money.

18 | 통장에 돈이 원하는 만큼 남아 있지 않을 때

잔액이 부족해.

(a) I'm overpaid.
(b) I'm overdrawn.
(c) I'm overcharged.

19 | 신용카드 사용액이 한도를 넘었을 때

내 카드가 한도 초과야.

(a) There's been an override.
(b) My credit card maxed out.
(c) My credit card is out of limits.

20 | 돈을 특정 단위로 바꿔달라고 할 때

이걸 5달러짜리로 바꿔줘.

(a) Cut this into 5-dollar bills.
(b) Write this into 5-dollar bills.
(c) Break this into 5-dollar bills.

정답 1 (b) 2 (c) 3 (a) 4 (c) 5 (c) 6 (a) 7 (b) 8 (c) 9 (b) 10 (a) 11 (a) 12 (b) 13 (c) 14 (a) 15 (c) 16 (b) 17 (b) 18 (b) 19 (b) 20 (c)

1 | 부부가 모두 수입이 있을 때

☐ 우린 맞벌이야.

2 | 사업 성공 등으로 큰돈을 벌었을 때

☐ 걔 돈방석에 앉았어.

3 | 주식·투자 등으로 갑자기 큰돈을 벌었을 때

☐ 걔는 대박을 터뜨렸어.

4 | 사업 실패 등으로 돈이 바닥났을 때

☐ 난 빈털터리 신세야.

5 | 벌이가 신통치 않을 때

☐ 주머니 사정이 안 좋아.

6 | 돈을 절약하는 사람을 두고 말할 때

☐ 걔는 알뜰해.

7 | 돈을 물 쓰듯이 쓰는 사람을 두고 말할 때

☐ 걔는 씀씀이가 헤퍼.

8 | 돈 쓰는 데 지나치게 인색한 사람을 두고 말할 때

☐ 걔는 너무 짜.

9 | 가계사정이 안 좋아 최대한 아껴야 할 때

☐ 우리 허리띠를 졸라매야겠다.

10 | 용돈을 다 써버렸을 때

☐ 용돈이 떨어졌어.

11 | 은행에서 계좌를 개설했을 때

☐ 통장을 만들었어.

12 | 적금에 새로 가입했을 때

☐ 적금을 들었어.

13 | 은행에서 돈을 찾았을 때

☐ 돈을 인출했어.

14 | 인터넷 뱅킹 등으로 돈을 송금했을 때

☐ 돈을 이체했어.

15 | 은행에서 대출을 받았을 때

☐ 대출을 받았어.

16 | 현금이 모자라서 ATM을 찾을 때

☐ 현금인출기 좀 써야겠어.

17 | 은행 창구에서 돈을 인출할 때

☐ 돈을 좀 인출하고 싶어요.

18 | 통장에 돈이 원하는 만큼 남아 있지 않을 때

☐ 잔액이 부족해.

19 | 신용카드 사용액이 한도를 넘었을 때

☐ 내 카드가 한도 초과야.

20 | 돈을 특정 단위로 바꿔달라고 할 때

☐ 이걸 5달러짜리로 바꿔줘.

※ 정답은 〈영어회화 암기장〉 097-098를 확인하세요.

1 | 가족이 몇 명이냐는 질문에 대답할 때

전부 네 명이야.

(a) All of the numbers are four.
(b) We are totally four.
(c) There are four of us.

2 | 돈을 벌며 가장 역할을 할 때

난 가족을 부양하고 있어.

(a) I'm the steak winner.
(b) I support my family.
(c) My money eats my family.

3 | 가족이나 친척분이 돌아가셨을 때

할머니가 돌아가셨어.

(a) My grandmother turned a corner.
(b) My grandmother passed away.
(c) My grandmother climbed away.

4 | 가족처럼 함께 지내는 개를 소개할 때

반려견이 있어.

(a) I have a companion dog.
(b) I have a guard dog.
(c) I have a watch dog.

5 | 결혼해서 자식을 낳아 가정을 이루고 싶을 때

가정을 꾸리고 싶어.

(a) I want to start a family.
(b) I want to take a family.
(c) I want to open a family.

6 | 형제가 없다고 할 때

난 외동딸이야.

(a) I'm an only daughter.
(b) I'm a single daughter.
(c) I'm a solo daughter.

7 | 형제가 몇 명이고 내가 몇 째인지를 말할 때

난 두 명 중 막내야.

(a) I'm the smallest from two.
(b) I'm the youngest of two.
(c) I'm the weakest among the two.

8 | 형제와 몇 살 차이인지 말할 때

우린 두 살 터울이야.

(a) We're spaced 2 years apart.
(b) We're spaced 2 years away.
(c) We're spaced 2 years within.

9 | 얼굴이 똑같은 일란성 쌍둥이일 때

우린 일란성 쌍둥이야.

(a) We're close twins.
(b) We're like twins.
(c) We're identical twins.

10 | 형제들과 사이가 좋을 때

난 형제들과 잘 지내.

(a) I get along well with my nieces.
(b) I get along well with my siblings.
(c) I get along well with my bandits.

11 | 아내의 임신 소식을 알릴 때

아내가 임신했어.

(a) My wife is giving birth.
(b) My wife is expecting.
(c) My wife is calling.

12 | 임신으로 인한 입덧으로 힘들 때

입덧이 심해.

(a) I have terrible mouth sickness.
(b) I have terrible morning sickness.
(c) I have terrible baby sickness.

13 | 임신해서 배가 점점 불러올 때

배가 점점 나오고 있어.

(a) My waist is getting bigger.
(b) My baby space is getting bigger.
(c) My belly is getting bigger.

14 | 출산 예정일을 알려줄 때

다음 달이 출산이야.

(a) The baby is due next month.
(b) The baby is on next month.
(c) The baby is going next month.

15 | 제왕절개를 하지 않고 분만했을 때

자연분만했어.

(a) I had a natural birth.
(b) I had a good-natured baby.
(c) The birth was controlled.

16 | 결혼 여부와 자녀 수를 동시에 말할 때

저는 결혼했고 아이가 둘이에요.

(a) I'm married for two children.
(b) I'm married as I have two children.
(c) I'm married with two children.

17 | 아이가 아빠를 많이 닮았을 때

쟤는 아빠랑 붕어빵이야.

(a) He's a carbon copy of his dad.
(b) He's a baked cake of his dad.
(c) He's a printed copy of his dad.

18 | 자식이 너무나 사랑스러울 때

우리 아들은 눈에 넣어도 안 아파.

(a) I can put my son in my eye.
(b) My son is the apple of my eye.
(c) My son is the apple in my eye.

19 | 신체 특징이나 성격을 물려받았을 때

그건 우리 집 내력이야.

(a) It runs in the family.
(b) It walks in the family.
(c) It sits in the family.

20 | 자식을 엄하게 교육시키는 스타일일 때

나는 아이들에게 엄격해.

(a) My children are rude.
(b) I'm strict with my children.
(c) I have plans for my children.

정답 1 (c) 2 (b) 3 (b) 4 (a) 5 (a) 6 (a) 7 (b) 8 (a) 9 (c) 10 (b) 11 (b) 12 (b) 13 (c) 14 (a) 15 (a) 16 (c) 17 (a) 18 (b) 19 (a) 20 (b)

1 | 가족이 몇 명이냐는 질문에 대답할 때
☐ 전부 네 명이야.

2 | 돈을 벌며 가장 역할을 할 때
☐ 난 가족을 부양하고 있어.

3 | 가족이나 친척분이 돌아가셨을 때
☐ 할머니가 돌아가셨어.

4 | 가족처럼 함께 지내는 개를 소개할 때
☐ 반려견이 있어.

5 | 결혼해서 자식을 낳아 가정을 이루고 싶을 때
☐ 가정을 꾸리고 싶어.

6 | 형제가 없다고 할 때
☐ 난 외동딸이야.

7 | 형제가 몇 명이고 내가 몇 째인지를 말할 때
☐ 난 두 명 중 막내야.

8 | 형제와 몇 살 차이인지 말할 때
☐ 우린 두 살 터울이야.

9 | 얼굴이 똑같은 일란성 쌍둥이일 때
☐ 우린 일란성 쌍둥이야.

10 | 형제들과 사이가 좋을 때
☐ 난 형제들과 잘 지내.

11 | 아내의 임신 소식을 알릴 때
☐ 아내가 임신했어.

12 | 임신으로 인한 입덧으로 힘들 때
☐ 입덧이 심해.

13 | 임신해서 배가 점점 불러올 때
☐ 배가 점점 나오고 있어.

14 | 출산 예정일을 알려줄 때
☐ 다음 달이 출산이야.

15 | 제왕절개를 하지 않고 분만했을 때
☐ 자연분만했어.

16 | 결혼 여부와 자녀 수를 동시에 말할 때
☐ 저는 결혼했고 아이가 둘이에요.

17 | 아이가 아빠를 많이 닮았을 때
☐ 쟤는 아빠랑 붕어빵이야.

18 | 자식이 너무나 사랑스러울 때
☐ 우리 아들은 눈에 넣어도 안 아파.

19 | 신체 특징이나 성격을 물려받았을 때
☐ 그건 우리 집 내력이야.

20 | 자식을 엄하게 교육시키는 스타일일 때
☐ 나는 아이들에게 엄격해.

※ 정답은 〈영어회화 암기장〉 099-100를 확인하세요.